Je vous écris d'Alep

Au cœur de la Syrie en révolution

DU MÊME AUTEUR

Mitterrand et la Palestine, Fayard, 2005
Les Frontières du jihad, Fayard, 2006
Mai 68 à l'ORTF, Nouveau Monde, 2008
L'Apocalypse dans l'Islam, Fayard, 2008 (prix Augustin-Thierry des Rendez-vous de l'Histoire de Blois)
Jimi Hendrix, le gaucher magnifique, Mille et Une Nuits, 2008
Camaron, la révolution du flamenco, Mille et Une Nuits, 2010
La Véritable Histoire d'Al-Qaida, Fayard, collection Pluriel, 2011 (édition mise à jour de *Les Neuf vies d'Al-Qaida*, Fayard, 2009)
La Révolution arabe, Fayard, 2011 (prix Ailleurs)
Histoire de Gaza, Fayard, 2012
Le Nouveau Moyen-Orient, les peuples à l'heure de la révolution syrienne, Fayard, 2013 (prix Jean-Michel Gaillard)

En collaboration avec David B., *Les Meilleurs Ennemis, une histoire des relations entre les États-Unis et le Moyen-Orient*, tome I, 1783-1953, Futuropolis, 2011
En collaboration avec Cyrille Pomès, *Le Printemps des Arabes*, Futuropolis, 2013

Jean-Pierre Filiu

Je vous écris d'Alep

Au cœur de la Syrie en révolution

DENOËL
IMPACTS

À mes fils Diego et Nino,
qui ont grandi à Damas
à l'ombre de Hafez al-Assad

Alep, juillet 2013

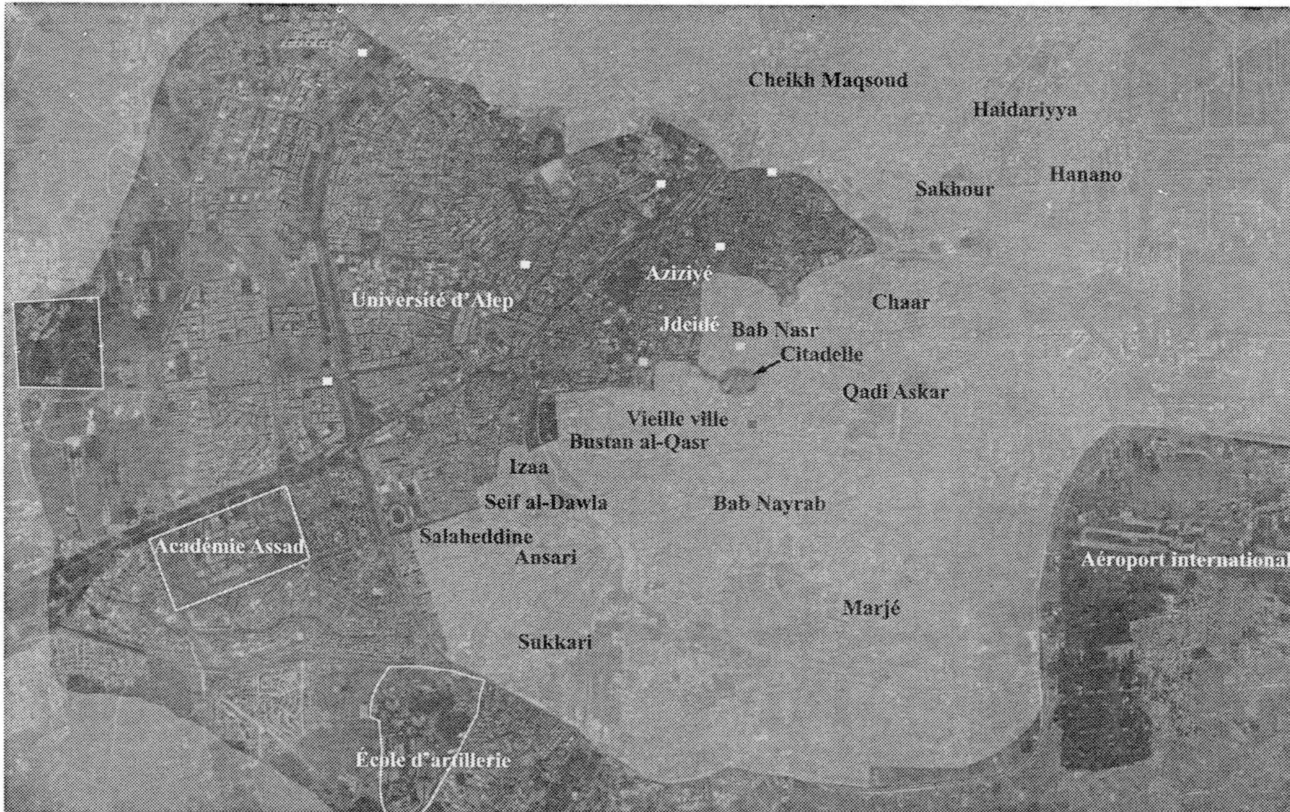

Sombre : zones sous contrôle gouvernemental. Clair : zones sous contrôle révolutionnaire.

En ce début du mois de juillet 2013, cela fait déjà plusieurs semaines que mon ami Didier François, grand reporter à Europe 1, et le photographe Édouard Elias ont été kidnappés sur la route d'Alep. Didier m'avait proposé de me rendre avec lui à Alep. Malgré les risques incontestables, et après concertation avec la rédaction de *XXI*, je décide pourtant de tenter le passage d'Alep. J'y réaliserai un reportage sur la protection de l'extraordinaire patrimoine de la cité par des militants révolutionnaires.

J'ai en effet une confiance absolue en Ammar Abd Rabbo, mon complice de toujours. Ce photographe franco-syrien a déjà séjourné à deux reprises à Alep au cours des mois précédents. Ses contacts sont solides dans la résistance civile. Ammar sera mon compagnon de chaque instant durant cette aventure. Loin de moi le goût morbide de l'adrénaline guerrière : c'est un impératif intellectuel qui me conduit à cinquante et un ans à Alep, trente-trois ans après le premier de mes multiples séjours dans la capitale du nord de la Syrie.

Je suis profondément convaincu que la révolution arabe, à laquelle j'ai consacré deux ouvrages et de nombreux articles, se joue au plus près des sociétés traversées par cette vague historique. La rhétorique militante oppose depuis longtemps les profiteurs de la révolution des grands hôtels (*fanâdiq*) aux combattants de la révolution des tranchées (*khanâdiq*). Les deux décennies où j'ai eu l'honneur de travailler aux Affaires étrangères françaises m'ont permis de mesurer l'ampleur de l'illusion diplomatique. Là où les médiateurs de tout poil croient façonner l'Histoire, il n'y a souvent que suivisme et aveuglement envers les luttes menées avec acharnement sur le terrain, à mille lieues des palais internationaux.

Alep s'impose dès lors comme lieu privilégié d'une telle réflexion sur la Syrie d'aujourd'hui et le Moyen-Orient de demain. Un million de femmes et d'hommes y vivent depuis une année sous autorité révolutionnaire. Ils y construisent dans la douleur, et sous des contraintes extrêmes, une réalité dégagée de l'oppression des Assad. Les tensions sont palpables entre les différentes tendances de cette Alep effervescente. C'est l'ère révolutionnaire des possibles, avant que le rapport de forces ne favorise l'émergence d'un projet durable plutôt que d'un autre.

Ma référence dans une telle démarche est l'extraordinaire témoignage de Jonathan Littell, *Carnets de Homs*, ramené au début de 2012, dans le prolongement d'une série d'articles publiés dans *Le Monde*. Mon propre séjour a été facilité par l'accalmie relative prévalant à Alep, tandis que les bombes s'abattaient sur le Homs des *Carnets*. En outre, j'ai pu mener directement, en arabe dialectal, les entretiens constitutifs de ce livre.

Ne comptez donc pas sur moi pour me mettre en scène au premier plan de ce récit. Je ne suis qu'un passeur, plongé dans l'immense tragédie d'Alep. Ma chance est d'avoir pu partager quelques jours de la vie quotidienne de ces femmes et de ces hommes, à l'hospitalité bouleversante. Et je n'aspire qu'à montrer comment ils demeurent, dans cette terrible épreuve, si proches de nous.

Abou Lotf, mon guide révolutionnaire de vingt-huit ans, s'exclamait régulièrement : « Bon Dieu, qu'est-ce qu'on va kiffer » (*Wallah lankayyif*). Cette expression est associée dans l'argot local aux excès d'alcool ou de haschich. Mais Abou Lotf la lançait face aux jihadistes paradant dans les rues d'Alep, devant les stocks s'épuisant dans les dépôts humanitaires, ou sous le soleil accablant de ce début de ramadan.

« Bon Dieu, qu'est-ce qu'on va kiffer. » Et Abou Lotf éclatait de rire. J'espère pour ma part que, à la lecture de cette chronique d'Alep, vous aussi allez « kiffer ».

Le peuple veut

«Le peuple veut / Qu'on répare l'électricité» (*Al-cha'b yurîd / Islâh al-kahraba*). Le slogan résonne dans les rues d'Alep en cette veille de ramadan, couvrant de son écho klaxons et vrombissement de la circulation. Le détournement du slogan phare des révolutions arabes, «Le peuple veut / Renverser le régime» (*Al-cha'b yurîd / Isqât al-nizâm*), suscite le sourire goguenard des passants et des boutiquiers.

Les manifestants ne sont qu'une cinquantaine d'adolescents et d'enfants, visiblement ravis de leur audace. Ces mômes espiègles sont les relais fidèles de l'exaspération de leurs familles face aux coupures de courant qui pourrissent la vie quotidienne et interdisent, par plus de 30 °C, la conservation des aliments. Mais le cortège juvénile pousse la dérision encore plus loin : «Nous ne voulons plus la démocratie / Nous voulons l'électricité à plein régime.»

Comment expliquer un tel sacrilège, un an après la prise de contrôle de tout l'est d'Alep par les forces révolutionnaires ? Faut-il y voir un désaveu cinglant de l'option démocratique, érodée au quotidien par trop d'avanies et de pénuries ? Les fossoyeurs de la révolution syrienne, qui ont tant de fois publié son acte de décès, se réjouiraient sans doute d'une telle conclusion. Ils ne feraient pourtant qu'ajouter une nouvelle erreur d'interprétation à un palmarès déjà chargé.

Car le monôme d'Alep n'est qu'une des illustrations multiformes de l'exigence de dignité (*karâma*) qui continue d'animer la révolution syrienne. C'est cette exigence qui permet, justement par l'expression parfois brutale d'avis divergents, à une telle lutte de libération de se poursuivre, malgré les bombardements, les massacres et les blocus. La population syrienne veut s'émanciper de l'unanimisme en vigueur sous la dictature. Et les mécontents refusent de rentrer dans le rang, même en cette phase critique de la révolution.

Ce n'est pas seulement sain, c'est aussi très sympathique.

L'autre contresens communément répandu est d'attribuer un statut fatalement « islamique » à des manifestations longtemps rassemblées dans les mosquées. Le régime de Hafez al-Assad depuis 1970, puis celui de son fils Bachar, qui lui succède à sa mort en 2000, ne toléraient comme les autres despotismes arabes que deux espaces de relative liberté : les mosquées, dès lors encadrées par un clergé fonctionnarisé ou coopté, et les stades de football.

J'ai eu la chance d'assister en 1998, au stade de Lattaquié, à un match opposant les deux clubs de la ville, Techrine et Hittine. Dans la Syrie des Assad, présentée aujourd'hui avec aplomb comme « laïque », la vie sociale s'organisait sur une base confessionnelle de fait, vécue et reconnue comme telle, sans forcément être verbalisée.

Lattaquié, port historiquement sunnite, avait connu une forte implantation de la communauté alaouite, encouragée par la famille Assad, issue de ce rameau dissident de l'islam. Le club Techrine était identifié aux Alaouites, et donc de fait au cercle dirigeant, tandis que le club Hittine était associé à la majorité sunnite, largement exclue du pouvoir réel.

La compétition ne tarda pas à tourner à l'avantage de Hittine. Malgré la pression des services de sécurité, tirant en l'air à chaque action offensive de Techrine, le club alaouite ne parvint pas à redresser la barre. Un arbitrage outrageusement biaisé en faveur de Techrine lui offrit un but sur penalty, sous les applaudissements des caciques de la tribune officielle. Mais Hittine remporta le match par deux buts contre un. Ses supporters hilares furent méthodiquement tabassés par une police déchaînée.

Le soir, Lattaquié était coupée en deux, entre la liesse des quartiers qui célébraient la victoire de Hittine, d'une part, et une atmosphère de deuil dans les nouveaux lotissements des protégés du régime, d'autre part. La dictature retint la leçon, elle ne prit plus le risque d'avoir des compétitions ouvertes, des scores imprévisibles et des supporters incontrôlables. Les championnats avançaient selon une chorégraphie réglée, sous le père Assad comme sous le fils. De ces stades aseptisés sortit pourtant une des icônes de la révolution syrienne, Abdelbasset Sarout, ancien gardien de l'équipe junior de Syrie, entré en dissidence à dix-neuf ans.

L'éphémère « printemps de Damas », qui a suivi en 2000-2001 l'accession de Bachar al-Assad au trône présidentiel, s'est accompagné de l'éclosion de salons de débat et de forums de discussion. Ces lieux de dialogue avaient beau se situer dans l'espace privé, ils ont été peu à peu fermés avec brutalité. Il ne restait donc plus que les mosquées pour servir d'exutoire privilégié à la société civile. Non pas à la faveur de prêches enflammés, mais dans la protection relative d'un lieu soustrait à l'omniprésence de la police politique. Ce degré de protection était inversement proportionnel au suivisme gouvernemental de l'imam local et à la densité de mouchards stipendiés parmi les fidèles.

Il est convenu de dater le déclenchement de la révolution syrienne au 15 mars 2011, avec les premiers cortèges de quelques centaines de protestataires, fissurant le mur de la peur. Trois jours plus tard, le 18 mars est proclamé « vendredi de la dignité » et la prière hebdomadaire est suivie d'une manifestation à Deraa, Damas, Homs, Banyas ou encore Deir Ezzor. D'un vendredi à l'autre, les défilés n'ont cessé de s'étoffer et le nombre de points de ralliement de se multiplier, jusqu'aux marées humaines qui ont traversé Hama en juillet 2011. Bachar al-Assad, sentant vaciller son régime, réagit en lançant blindés et artillerie contre Hama, mais aussi contre Lattaquié, Homs et Deir Ezzor.

La garantie de la liberté de manifestation est un des éléments cruciaux de la mission des observateurs de la Ligue arabe, en janvier 2012, puis des Nations unies, quatre mois plus tard. Cette clause pourtant explicite du mandat des observateurs internationaux reste lettre morte. La répression implacable de la contestation civile ne peut mener qu'à la militarisation de l'opposition. Les noyaux de l'Armée syrienne libre (ASL), initialement constitués pour protéger les manifestants, prennent progressivement densité et autonomie, avant de passer à une posture défensive, puis d'envisager l'initiative d'opérations de plus en plus ambitieuses.

La résistance citoyenne demeure, elle, structurée par les coordinations locales (*tansîqiyyât*). Cette approche assure la pérennité de l'enracinement de terrain, ainsi que la préservation d'une continuité militante, malgré les rafles et les liquidations. Des fédérations de comités émergent peu à peu, permettant la mobilisation tous les vendredis de cortèges à l'échelle nationale, sur des thèmes agréés par consensus. Une telle formule peine cependant à dépasser les pesanteurs et les particularismes, et donc à animer des campagnes de longue durée sur tout le pays.

Le régime Assad a longtemps martelé que la révolution était condamnée tant que Damas et Alep ne rejoignaient pas la contestation. De fait, en août 2011, le mois de ramadan est marqué par un déploiement massif de *chabbiha*, ces miliciens pro-gouvernementaux, souvent recrutés dans la pègre locale. Les violences à l'arme blanche contre les manifestants pacifiques, les sit-in dispersés à coups de matraques, les enlèvements « préventifs » à domicile, tout cela contribue à entretenir un calme trompeur à Alep. Les protestataires de Homs et d'ailleurs tournent du reste en dérision, durant leurs défilés, la torpeur supposée d'Alep.

Cette illusion vole en éclats, le 3 mai 2012. La volonté contestataire de sanctuariser, au moins partiellement, le campus de l'université d'Alep entraîne un raid nocturne des nervis du régime. La mort de quatre étudiants dans des conditions particulièrement atroces suscite des manifestations de solidarité dans tout le pays avec « l'université de la Révolution ». À Alep même, les prières du vendredi sont désormais suivies de cortèges qui s'exposent à une répression féroce. Il ne faut souvent que quelques minutes et quelques mètres franchis pour que les balles s'abattent sur les manifestants.

L'offensive menée par l'ASL à Alep, durant la seconde moitié de juillet 2012, lui permet de prendre le contrôle de la plus grande partie des quartiers est et sud de la ville. Le 27 juillet demeure dans la mémoire des habitants de ces zones dites « libérées » comme le premier vendredi où ils peuvent librement sortir des mosquées pour manifester, sans essuyer aussitôt de meurtrières rafales. Les cortèges de ce vendredi-là sont d'ailleurs dédiés au « soulèvement des deux capitales » (Damas et Alep).

C'est dire que le droit de manifester est la conquête révolutionnaire la plus immédiate et la plus symbolique. Ce droit marque la rupture avec quatre décennies de tyrannie : les quartiers à la pointe de la contestation, Bustan al-Qasr, Sakhour ou Soukkari, sont aussi ceux où l'on continue de manifester le plus, des mois après l'expulsion des multiples corps de répression. Il y a les cortèges du vendredi, aux mots d'ordre agréés dans tout le pays.

C'est un moment de retrouvailles hebdomadaires, de célébration d'être ensemble une semaine de plus. Et tant pis si le despote campe encore sur son trône, là-bas à Damas. L'essentiel est d'être toujours en vie et de se retrouver à le chanter, à le danser, en camouflet cinglant à la fatalité et aux bourreaux. Et puis il y a les manifestations ponctuelles, convoquées pour protester contre une violation, en dénoncer le coupable et exiger réparation.

Il est exclu pour quelque force que ce soit de revenir sur cet acquis, sauf à être accusée de *dhulm,* cette « oppression » associée à la dictature honnie. Lorsque les cortèges et les graffitis clament « Plutôt la mort que l'humiliation », le message s'adresse bien sûr aux suppôts d'Assad, mais aussi à tous ceux qui seraient tentés de substituer leur arbitraire à celui de l'ancien régime.

Un an après les victoires de l'été 2012, les combattants révolutionnaires ne sont d'ailleurs plus épargnés par les manifestants. Qu'on en juge par les pancartes brandies à visage découvert en ce début de juillet 2013 : « L'ASL n'est qu'un ramassis de bandits de grand chemin. » Un écriteau accuse explicitement un des commandants de la *Hay'a char'iyya*, l'« instance légale » constituée par l'ASL pour assurer le maintien de l'ordre : « Ahmed Chama et l'instance légale ont dévalisé des maisons et des boutiques qu'ils prétendaient "protéger". »

C'est signé par « les Hommes libres d'Alep » (*Ahrâr Halab*), une appellation qui tourne en dérision les dénominations de multiples milices d'« Hommes libres » : *Ahrâr Châm* (du Levant), *Ahrâr Suryâ* (de Syrie), *Ahrâr Jabal Zawya* (du Jebel Zawya, au nord d'Idlib)... La liberté se mérite aussi à mains nues, loin des lignes de front, voilà ce que revendiquent les protestataires impatients. La liberté est un combat, même contre ceux qui prétendent la défendre.

À la différence du défilé adolescent pour la réhabilitation de l'électricité, les slogans sont ici directement politiques. On croise d'ailleurs des figures connues de la résistance civile. Leur prestige citoyen dissuade les gros bras divers de disperser la protestation. Il y a là Abou Joud, un ambianceur recherché dans les manifestations du vendredi, qui scande au micro les hymnes militants, repris à pleins poumons par l'assemblée.

On retrouve aussi le « petit Qachouch », un môme de

douze ans, dont la voix inimitable hante les meetings, au point d'être comparé à Ibrahim Qachouch, le chantre de la révolution à Hama. Le Qachouch originel, rendu célèbre par son percutant « Bachar, dégage », a payé son courage d'une mort infâme : en juillet 2011, les escadrons de la mort du régime lui ont tranché la gorge et arraché les cordes vocales, avant de jeter sa dépouille dans l'Oronte.

Aujourd'hui, le « petit Qachouch » est célébré par des graffitis sur les murs de son quartier. Il est porté en triomphe dans les cortèges populaires. Et il défie sans sourciller les profiteurs du nouvel ordre. Car c'est cela la marque incontestable de la révolution. La protestation est assumée, revendiquée dans l'espace public. Finis, les masques portés pour déjouer les polices politiques de Bachar al-Assad. La famille, l'immeuble et le quartier sont là pour soutenir les contestataires qui s'affichent en leur nom. Les « bandits » du moment ont beau être armés, plus rien ne fera taire des résistants civils déterminés à dénoncer l'intolérable.

Déceler dans ces défilés une quelconque nostalgie de l'ancien régime serait dès lors une faute grave. Non, c'est la rage de voir cette Armée libre se comporter comme les soudards de la dictature qui pousse les manifestants dans la rue. Ils ne demandent pas qu'une milice, plus scrupuleuse, en remplace une autre. Ils exigent la fin de la « protection » de type criminel, en clair, la garantie de la personne et des biens du citoyen par un État de droit. C'est pour cela qu'ils ont affronté des risques insensés face aux partisans de Bachar al-Assad. Et ils n'accepteront rien de moins.

Qu'on ne vienne pas leur dire que la poursuite des affrontements justifie de tels « dépassements » (*tajawuzât*), l'euphémisme de circonstance pour décrire les exactions miliciennes ! Les contestataires balaient cet argument d'un revers de main : si les combattants se comportent ainsi sous la menace de l'armée gouvernementale, comment imaginer qu'ils réformeront leur conduite une fois leur succès consolidé ?

Car ces manifestants n'ont aucun doute sur le triomphe de la révolution, à plus ou moins long terme. D'où leur insistance à faire adopter des règles valables pour tous, ici et maintenant. D'où leur fougue à exiger le châtiment des criminels, sans plus tarder. Don Quichotte contre les moulins à vent ? Allons donc, personne ne leur donnait aucune chance lorsqu'ils se sont levés contre Bachar, et ils ont refoulé ses troupes hors de cette portion « libérée » d'Alep.

Les résistants civils ne sont ni fascinés ni complexés face aux combattants révolutionnaires. Ils estiment avoir contribué, eux aussi, au recul du despote, par leur travail de sape et leur activisme clandestin. Quand ils s'identifient aux insurgés, qu'ils voient en eux le bras armé du quartier en révolution, ils ne leur ménagent ni leur appui, ni leurs encouragements.

Mais quand ces mêmes combattants reproduisent les humiliations des nervis de l'ancien régime, alors aucune indulgence ne leur est accordée. On les stigmatise vite du terme *chabbiha*, jeté à la figure des supplétifs de Bachar al-Assad. D'ailleurs, les tatouages plus ou moins apparents de nombreux insurgés laissent à penser que les mêmes milieux délinquants ou marginaux fournissaient les *chabbiha* comme leurs homologues révolutionnaires.

Jamais à court d'inspiration, les habitants d'Alep ont façonné un nouveau terme pour désigner les exactions des rebelles : le verbe *chawwala*, qui a pour substantif *tachwîl*.

Un insurgé « chawwale » quand il se paie sur la bête, quand il réquisitionne à un barrage, quand il pille un domicile, et le fruit de ses rapines est qualifié de *tachwîl*.

Dès qu'un Alépin arbore une chemise élégante ou une montre un peu chargée, on lui demande si elle lui appartient (*maliki*) ou si c'est le produit du *tachwîl*. Le braconnage milicien est tellement répandu que le *tachwîl* s'est imposé dans la langue courante. Et les enfants qui jouent à la guerre dans les rues d'Alep, avec pistolets à eau et mitraillettes en plastique, miment aussi des scènes de *tachwîl* avec une sincérité désarmante.

Une anecdote illustre bien comment le *tachwîl* imprègne l'humour quotidien d'Alep « libérée ». Notre Peugeot croise cette 4 x 4 rutilante et son chauffeur débonnaire à de nombreuses reprises. Chaque fois, les deux véhicules s'arrêtent, se toisent, et la question fuse depuis notre groupe : « À qui est cette voiture ? » Le conducteur maugrée qu'elle lui appartient (*maliki*) une fois, deux fois, et le manège se poursuit d'un jour sur l'autre. Finalement, confronté à la même question à la énième reprise, le chauffeur lâche avec une ironie cinglante : « Cette voiture appartient au Rassemblement des brigands de l'islam (*tajammû' lussûss al-Islâm*). »

Nous partons tous d'un franc éclat de rire. La charge est implacable contre les différentes coalitions miliciennes qui se drapent dans la dignité de l'islam pour magnifier leurs crimes. Je n'ai jamais entendu une ironie aussi cinglante durant toutes mes années à suivre du moins loin possible les conflits qui déchirent le monde musulman. Ces militants révolutionnaires sont engagés corps et âme dans leur combat contre la dictature. Mais cet engagement sans réserve les amène aussi à ne rien concéder aux petits chefs qui pullulent dans ce type de situation.

Toutes les guerres civiles, tous les chambardements révolutionnaires ont vu l'émergence d'une délinquance milicienne, tolérée ou systématique. La révolution mexicaine, avec ses hordes déchaînées sous la houlette de tel ou tel seigneur de la guerre, a atteint à cet égard des sommets de dévastation. La révolution syrienne n'est de ce point de vue ni plus, ni moins vertueuse que les autres. Ce qui tranche, c'est justement cette volonté inébranlable de ne pas accepter l'inacceptable, volonté qui émane des profondeurs même d'une société en lutte pour sa libération.

Le lyrisme n'est pas de mise. Nombre de militants intègres et dévoués sont tombés sous les balles de la répression ou ont disparu dans les cachots du régime. Leur perte individuelle et collective est incommensurable pour la révolution en cours. Alep les pleure et leur rend hommage (je n'ai aperçu que trop rapidement l'enterrement d'un « martyr », cercueil drapé de noir dans le cimetière de Qadi Askar). D'autres de leurs camarades, nombreux, peut-être aussi nombreux, vont être tués avant de voir la dictature enfin sombrer. Pourtant, ils ne reculeront pas, car ils sont allés trop loin pour ne jamais revenir en arrière.

De toutes ces femmes et de tous ces hommes rencontrés à Alep, je ne connais l'identité réelle que d'une poignée. C'est devenu une seconde peau que l'on endosse, cette identité d'emprunt qui protège celui qui l'adopte et celui qui l'accepte. Tu ne sauras de moi que ce surnom qui n'est pas le mien. Je te protège ainsi en me protégeant, car tu n'auras rien à livrer, si jamais, par malheur. Si jamais. Par malheur.

Rares sont ceux qui offrent encore un prénom. La formule la plus courante est le nom de guerre en forme de paternité fictive. Abou Mahmoud, le père de Mahmoud, même si le fils ne s'appelle pas Mahmoud, et même s'il n'y a pas de fils. Abou Mahmoud jusqu'à la victoire. Et ensuite, je ferai la fête des jours entiers. Et je te dirai qui je suis. Ou plutôt je t'avouerai mon nom. Mais si tu m'as connu dans la révolution, tu sauras déjà de moi l'essentiel.

Un militant de la non-violence, à la voix douce et posée, assène soudain de manière catégorique : « J'en arrive à respecter les partisans de Bachar, parce qu'eux, au moins, croient à une cause. Mais tous ceux qui veulent ménager les deux camps ne récolteront que l'humiliation par les deux camps. Et tant pis pour eux, s'ils apprécient tant d'être humiliés par le régime, alors qu'ils se préparent à être humiliés après la chute du régime. »

Dieu vomit les tièdes, à Alep comme ailleurs. Et les cœurs se sont endurcis sous les pilonnages. La poussée de l'ASL à l'été 2012 a entraîné en représailles les premiers bombardements aériens. Puis vinrent les chutes de missiles balistiques Scud, tirés depuis la banlieue de Damas, 300 kilomètres plus au sud. Jamais un dictateur n'avait été assez barbare pour user de ce type d'armes contre sa propre population. Un silence assourdissant a accueilli ce crime contre l'humanité dans les palais de l'ONU.

Bachar al-Assad s'est aussi joué des « lignes rouges » imprudemment tracées par l'administration Obama. Plutôt que d'imiter Saddam Hussein gazant massivement les populations kurdes en 1988, le maître de Damas a préféré les utilisations ponctuelles et ciblées, avec des armes chimiques diluées pour être moins repérables. À Alep, c'est le quartier majoritairement kurde de Cheikh Maqsoud qui est frappé, le 13 avril 2013. Il s'agit de châtier à l'aveugle les habitants, en représailles à l'engagement tardif de la milice kurde locale aux côtés de la révolution. La plupart des victimes du sarin sont arabes, coupables de résider au mauvais endroit, au mauvais moment.

Chaque jour de cette révolution initialement pacifique tombent de nouveaux morts. Chaque jour, des Syriennes et des Syriens sont blessés, mutilés, à jamais handicapés. Alors il faut rire, chanter, chérir sa famille, embrasser ses amis. Un graffiti clame à tue-tête : « Nous voulons la révolution de la vie. » Un autre répond en écho rageur : « Liberté pour l'éternité. »

Sur un rond-point de Marjé, au sud-est d'Alep, s'élève le premier monument aux morts de la révolution. L'aigle, symbole national, repris au régime qui l'avait dévoyé, se dresse sur la stèle fleurie. Quarante noms s'égrènent pour « ne pas oublier les martyrs ». Il y aura des milliers de monuments de ce genre dans la Syrie de demain.

Le peuple veut.

Salaheddine

Salaheddine, la piété (ou la solidité) de la religion, a été francisé en Saladin. Ce général kurde est devenu une des plus grandes figures de l'islam sunnite, du fait de trois victoires majeures : l'abolition en 1171 du califat fatimide du Caire, d'inspiration schismatique, entraînant la réunification formelle de l'Empire musulman sous l'autorité du calife sunnite de Bagdad ; la prise en 1183 d'Alep, jusqu'alors gérée par une dynastie turque, ce qui lève le principal obstacle à une mobilisation enfin coordonnée contre les croisés ; la reconquête de Jérusalem, en 1187, après quatre-vingt-huit ans d'occupation par le « Royaume latin ».

Le mythe de Saladin, enterré à Damas, a été longtemps manipulé par Hafez al-Assad, qui se posait volontiers en héritier moderne du prestigieux guerrier, Israël étant substitué aux croisés dans la propagande du parti Baas. C'est ainsi qu'un des quartiers édifiés pour faire face au gonflement d'Alep, notamment du fait de l'exode rural, prit l'appellation de Salaheddine. Le secteur voisin était baptisé, dans la même veine médiéviste, Seif al-Dawla, du nom de l'émir d'Alep de 945 à 967.

Salaheddine est une zone de HLM, au sud-ouest de la métropole, qui attire aussi bien des familles implantées de longue date à Alep que de nouveaux migrants de la campagne toute proche. Rien à voir donc avec les « campagnes dans la ville », ces quartiers d'habitat informel, grossis, durant les années de sécheresse, par des paysans déracinés de la province d'Idlib ou de la vallée de l'Euphrate. À Salaheddine, la mixité sociale n'est pas un vain mot et la tradition urbaine se porte fièrement, facteur d'intégration des Alépins de fraîche date.

La fonction d'encadrement du parti Baas décline sous Bachar al-Assad, cédant la place à une intervention de plus en plus intrusive des services de renseignements. Ces multiples corps répressifs, concurrents et militarisés, entretiennent un réseau d'informateurs et d'obligés. Ils s'imposent à chaque étape de la vie familiale et professionnelle, à Salaheddine comme ailleurs, pour la délivrance d'un permis, l'accès à l'université, voire l'obtention d'un prêt. En revanche, la cohésion sociale de Salaheddine lui épargne largement la plaie de la pègre, et des *chabbiha* qui en sont issus.

Les manifestations sont étouffées à Alep durant le ramadan de 2011, afin de préserver l'illusion d'une cité loyaliste et apaisée. Les habitants de Salaheddine saisissent pourtant l'occasion de la mission des observateurs arabes pour descendre dans la rue, le 30 décembre 2011, non sans être brutalement réprimés. Lors de la tuerie de l'université d'Alep, le 3 mai 2012, c'est à Salaheddine que les cortèges de solidarité se déploient les premiers. Défilés de nuit, pour éviter les francs-tireurs et les vidéos d'identification.

Salaheddine entre en résistance. Les manifestants, initialement hostiles à la présence de combattants armés, accueillent désormais les militants de l'Armée syrienne libre (ASL), qui leur permettent de s'aventurer en plein jour. Les mouchards du régime sont stigmatisés, la police politique rase les murs, les partisans du Baas font profil bas. Le rapport de forces est en train de basculer. Ne manquent plus que les trois coups du ramadan pour lancer le soulèvement d'Alep.

Le 18 juillet 2012, Abdelkader Saleh, un négociant de Marea, à mi-chemin entre Alep et la frontière turque, parvient à rassembler au sein d'une « brigade de l'Unification » (Tawhid) les plus importantes unités insurgées de la région. L'entregent international de Saleh, surnommé « Hajji Marea » (l'habitant de Marea qui a réalisé son pèlerinage à La Mecque), facilite cette ambitieuse opération d'amalgame. À Alep même, c'est un colonel dissident, Abdel Jabbar al-Okaidi, qui assure la direction des opérations au nom de l'ASL.

L'offensive révolutionnaire du 20 juillet est fulgurante. Les bataillons descendus du Nord s'emparent des quartiers de Hanano et de Sakhour, avec d'intenses combats autour de l'aéroport international. Mais le pire choc pour le régime se produit à Salaheddine, qui passe en quelques jours aux mains des insurgés, assistés par des renforts acheminés depuis les poches rebelles de la province voisine d'Idlib.

Salaheddine, c'est un coin enfoncé dans le dispositif loyaliste, au sud-ouest d'Alep. C'est pourquoi l'armée gouvernementale concentre une puissance de feu sans précédent pour récupérer coûte que coûte cette position. L'artillerie lourde pilonne à tout va, les monstrueux T72, ces tanks russes conçus pour des offensives blindées en rase campagne, crachent leurs obus à tir tendu. Des avions d'entraînement Albatros larguent des charges d'une demi-tonne, bientôt suivis par les redoutables Mig. La population fuit sous ce déluge de mort.

L'ASL annonce, le 9 août 2012, son « repli stratégique » hors de Salaheddine. L'expression prêterait à sourire si le quartier n'était pas en ruine. Les analystes militaires sont tous convaincus que la reconquête loyaliste est durable, d'autant que la moitié du secteur voisin de Seif al-Dawla est elle aussi réoccupée par les partisans de Bachar al-Assad. Mais la rhétorique révolutionnaire n'est pas vaine. Les unités de l'ASL se sont effectivement regroupées aux confins de Salaheddine, d'où elles harcèlent chaque jour les troupes gouvernementales. Comme le sous-armement des rebelles leur interdit une attaque frontale, ils se livrent à un patient grignotage des positions ennemies.

L'automne 2012 voit donc l'ASL reprendre pied dans Salaheddine. Le quartier fantôme, déserté par les civils, est livré aux pillards de tous ordres. Des chefaillons de la guérilla allouent même des immeubles aux bandes de brigands : en contrepartie d'un forfait versé en liquide, ces gangs criminels peuvent, durant quelques heures, y dérober et en emporter ce que bon leur semble. Okaidi et l'état-major de l'ASL ont beau sévir contre ces délinquants par le biais de la Sécurité révolutionnaire, que nous aborderons au chapitre suivant, ces exactions laissent des séquelles douloureuses dans la population.

Le « conseil des révolutionnaires de Salaheddine »,

avatar local des « coordinations » civiles, retrouve toute sa place dans la gestion du quartier. Il est dirigé par Abou Nazer, le directeur des ventes, âgé de trente-huit ans, d'une usine de cosmétiques, désormais au chômage technique. Cette normalisation relative du secteur permet de tourner la sombre page des pillages organisés. Elle encourage une partie des habitants à retourner vers leurs foyers, surtout si le refuge qu'ils croyaient avoir trouvé dans l'arrière-pays d'Idlib ou d'Alep est lui aussi ravagé par les bombardements.

Aujourd'hui, un cinquième à un quart de la population est revenu vivre à Salaheddine. Ces familles dépendent largement de l'assistance (*ighâtha*) dispensée par le conseil révolutionnaire, lui-même animé par de jeunes adultes de vingt-cinq à trente ans, parents d'enfants en bas âge. La clandestinité leur imposait ses lois jusqu'à l'été 2012. Ils opèrent à visage découvert, le verbe haut et le rire au bord des lèvres. C'est ainsi que, lors de leurs retrouvailles avec Ammar, ils commentent avec gourmandise les photographies de militantes Femen, postées par Ammar sur sa page Facebook.

Cette jovialité n'est pas feinte, même si elle cache souvent des tragédies intimes. Le frère d'Abou Mehyo est mort les armes à la main, trahi par un éblouissement du soleil sur la ligne de front. La belle-sœur d'Abou Ghassan et un de ses neveux ont péri dans l'incendie de leur poêle. Les accidents domestiques sont légion du fait des coupures de courant et de la disparition des stations-service. Les générateurs se sont répandus, mais la qualité douteuse du carburant de contrebande favorise pannes et courts-circuits.

Un magasin désaffecté d'informatique, Arabdisk, a été

réaménagé par le conseil révolutionnaire en local de distribution d'aide. Quelque trois cents cartes de rationnement ont été délivrées aux familles nécessiteuses du quartier. Une quinzaine de volontaires assure la répartition par sacs constitués en fonction du nombre de personnes concernées. Un sac standard comporte des rations de riz, de lentilles brunes et rouges, de pâtes (*makarona*), de semoule, de fèves, de thé, de sucre, de soupe en sachets, d'huile, de halwa et de thym. Ces dons sont le fruit d'une collecte réalisée auprès de la diaspora alépine à l'étranger.

La distinction entre civils et militaires est parfois bien floue à Salaheddine. La suspension de la téléphonie mobile dans tout Alep amène de nombreux habitants à arborer un talkie-walkie à l'allure martiale. Abou Lotf, comme beaucoup de résistants civils, porte désormais en bandoulière un revolver tchèque à la crosse nacrée. « Pour la protection », lâche-t-il. Inversement, la tenue extravagante de certains combattants, leurs tee-shirts aux couleurs criardes, leur look seventies ou leurs baskets compensées, amènent à s'interroger sur leur statut militaire.

La mosquée demeure le centre névralgique de Salaheddine. Les cortèges qui en partaient étaient impitoyablement mitraillés dans la rue adjacente. Cette « rue des martyrs » est dorénavant protégée des snipers par une tenture sombre, suspendue entre deux immeubles de la ligne de front. Le pilonnage intermittent du quartier durant de longues semaines a laissé des plaies béantes dans la mosquée, frappée dans sa coupole comme dans son minaret.

Le conseil révolutionnaire s'est chargé de déblayer les décombres et de rendre la mosquée de nouveau accessible, voire accueillante. Les voisins viennent y deviser, les enfants y testent leur vélo tout neuf. On s'allonge sur les tapis, on s'enquiert des nouvelles des uns et des autres, on se prend à rêver à la Syrie débarrassée de Bachar et de ses tueurs. C'est là, notamment, que sont organisées les cantines populaires, à l'attention des civils, comme des combattants du front tout proche.

Nous dînons de chameau accompagné de fromage blanc et de friké, le blé vert savoureusement grillé. C'est un repas de fête, servi sur les nattes et pris en commun. Une douce brise circule par les trous d'obus, bien rafraîchissante après que le thermomètre a, quelques heures plus tôt, frôlé les 40 °C. La sagesse locale veut que manger du chameau une fois par mois confère la robustesse et l'endurance de l'animal. Le « Chef » (le terme français a été repris tel quel en arabe) a l'estomac rebondi des heureux gourmands. Les Alépins sont convaincus d'avoir la meilleure cuisine du monde et, ce soir-là, on a plutôt envie de les croire.

La mosquée est donc lieu de vie, de partage et de rencontre. Cette fonctionnalité multiple ne se traduit cependant pas par une islamisation sournoise. Les appels à la prière qui suivent les manifestations sont souvent désertés par des contestataires pour qui *Allah Akbar* (« Dieu est grand ») est avant tout un cri de défi contre la tyrannie. Et les tentes dressées dans la rue durant le ramadan voient s'élever les chants révolutionnaires plutôt que les cantillations du Coran.

L'école mitoyenne de la mosquée est dédiée au « martyr Abdelkader Chachou ». Mort au combat à vingt-deux ans, ce militant était kurde comme Saladin… et comme toute une partie de la population de son quartier éponyme. Une banderole tendue au milieu de la rue martèle : « Merci à ceux qui n'attendent aucun remerciement. » Un véhicule du bataillon Noureddine al-Zenki file vers le front. Ses occupants se moquent de savoir que Saladin, neveu d'un général de Noureddine, a fini par expulser un descendant de Noureddine hors du trône d'Alep.

Sur la colline voisine de l'Izaa (l'Émetteur, du nom du relais radiotélévisé qui la coiffe), aucune mosquée ne demeure en activité. Nous sommes là à l'extrémité de Seif al-Dawla, un quartier qui n'a pas subi la même dévastation que Salaheddine, mais qui souffre de son exposition aux snipers du régime. La zone est en effet striée de « routes du paradis », ces allées ouvertes aux francs-tireurs, voire aux batteries comme celle nichée au sommet de l'immeuble officiel de la mairie. Elle crache ses projectiles, de 23 millimètres de calibre, le long de boulevards devenus fantômes.

Chacun a appris dans sa chair la portée de ces armes de mort. Aussi, dès que la distance fatidique est dépassée, on installe par défi ses sièges en plastique au milieu de l'avenue et l'on bavarde entre compères. Les enfants jouent, gambadent, rappelés de temps en temps à l'ordre lorsqu'ils se rapprochent trop d'un passage périlleux. Pour éviter les « routes du paradis », des parcours parallèles ont été creusés au cœur d'appartements aux murs défoncés, des passerelles jetées d'un palier à l'autre. On traverse ainsi une triste chambre d'enfants, un salon en miettes, les vestiges d'une salle de bains. On s'en veut de violer ainsi l'intimité des absents, mais survivre est à ce prix.

L'Izaa était un quartier relativement huppé, du fait de sa situation en surplomb. Il en reste quelques bribes dans des intérieurs bourgeois, mobilier Farouk XIV, électricité ondulatoire, voire jeux d'échecs aux pièces en verre taillé.

Mais le secteur s'est vidé de la majorité de ses habitants lors des offensives insurgées de l'été 2012. Et les plus tenaces ont lâché prise lors des reculs de l'ASL à l'automne suivant. Les pillages furent plutôt l'œuvre de loyalistes, ou de bandes opérant dans le no man's land.

Aujourd'hui, l'Izaa abrite moins de 5 % de sa population d'origine. Le niveau de vie y a chuté et un résident maugrée que «nous sommes tombés plus bas que Salaheddine». L'aide distribuée dans un sous-sol par une ONG islamiste turque est répartie en un délai record. Un vieillard tout ému de son lot en oublie les précautions élémentaires. Il frôle l'axe d'une «route du paradis», où une balle ricoche juste devant son pied droit. Il en est quitte pour l'émotion et trottine vers son foyer, courbé sous son maigre butin.

Abou Jamal se verrait bien en sage de l'Izaa. Il a l'élocution fleurie et le goût des formules aussi élégantes qu'intraduisibles. Par exemple, nous sommes passés «des hommes de la révolution aux associations de profiteurs» (*min rijâl al-thawra ilâ jam'iyyât al-tharwât*). Il affirme haut et fort «préférer un chrétien syrien à un musulman malaisien». Ce sunnite pieux milita longtemps dans un parti satellite du Baas au pouvoir.

C'est pourquoi la plus redoutable des polices politiques, la *Jawiyya* (les services de renseignements de l'armée de l'air), lui fit au printemps 2012 une offre sonnante et trébuchante pour rejoindre la contre-révolution. Convaincu de la chute inéluctable de la dictature, Abou Jamal refusa de se laisser tenter. Il ne regrette rien, même s'il espère peu de l'avenir. La passivité internationale le révolte au fond plus que la terreur infligée par le despote. «Notre sang coule en Syrie, et non notre pétrole, tel est notre malheur.»

Le « front ouest » (*jabha gharbiyya*) s'étire d'Amiriyya à l'Izaa, avec un effectif théorique de deux mille combattants révolutionnaires. Il bruit de rumeurs sur une offensive imminente menée à partir de Salaheddine, dont les militants sont pris à partie à chaque occasion : « Alors, qu'attendez-vous ? C'est bientôt ramadan, nous voulons célébrer avec vous le premier anniversaire » (de la percée de l'ASL en juillet 2012). C'est dire que l'effet de surprise est pour le moins éventé.

Avant l'aube du 8 juillet 2013, l'agitation règne sur les hauteurs de Salaheddine. On remplit et on entasse les sacs de sable. On vérifie les chargeurs et on teste les talkies-walkies. Le seul blindé du secteur, un VAB à chenilles pris à l'armée gouvernementale, rejoint la ligne de front. À part un lance-roquettes et une mitrailleuse sur trépied, les combattants de l'ASL ne disposent que de fusils d'assaut, essentiellement des kalachnikovs. Certains se préparent à l'attaque avec de simples revolvers, d'autres, charognards pour la bonne cause, attendent en retrait qu'un de leurs camarades tombe pour s'emparer de son arme.

Les accrochages de l'aurore ne sont que le prologue d'une journée qui s'annonce très longue. Tôt le matin, le colonel Okaidi vient inspecter les lignes en treillis réglementaire, au nom de l'état-major de l'ASL. À ses côtés, un Koweïtien aussi anonyme que fortuné, en djellaba blanche et keffyé à carreaux rouges. Il est le généreux mécène de cette offensive, salué par des « Dieu est grand » et « À toi, mon Dieu » (*La beyk ya Allâh*).

Okaidi est, de l'avis général, le tenant de la ligne laïque et nationaliste au sein de l'ASL. Mais les pénuries de munitions sont telles, avec une balle pouvant coûter jusqu'à

2 dollars, qu'il lui faut, comme tous les autres chefs rebelles, tenter de capter la manne du Golfe. C'est cela aussi le prix de la passivité occidentale en Syrie. Quant au donateur koweïtien, il ramène pour ses soirées de ramadan des vidéos du front qui épateront ses hôtes et ses compatriotes.

Les combattants révolutionnaires ont tous le front ceint d'un ruban rose ou violet, certains agitent même en cadence des éventails japonisants pour dissiper la sueur. Une telle police des couleurs vise, en l'absence d'uniforme, à repérer les loyalistes qui s'infiltreraient, le front ceint d'un bandeau noir, selon le style en vigueur dans la guérilla. La mosquée de Salaheddine est le dernier havre avant la tourmente des hostilités. Je m'assieds avec d'impassibles papys, contemplant le va-et-vient entre l'arrière et la ligne de front, distante d'une centaine de mètres.

Un quadra placide se fait houspiller, depuis un balcon, par une maman acariâtre, voilée de noir : « Branche le générateur, la petite va mourir de chaud. » Il lui répond : « Tu n'as qu'à la mettre à l'ombre avec un peu d'eau, elle n'en mourra pas. » Mais il s'exécute et démarre le générateur depuis le balcon mitoyen. Il empoigne ensuite sa kalachnikov et monte à la bataille sans saluer personne.

L'ambiance est à l'excitation générale, plutôt qu'à la ferveur et au sacrifice. Les jeunes s'apostrophent d'un trottoir à l'autre, arme en bandoulière. Il ne faut pas rater la fête, la *haflé*. Deux compères en turban noir dégringolent la rue sur leur moto, un de leurs potes les arrête, les embrasse, devise, et les voilà qui remontent tous les trois vers les détonations de plus en plus fortes. Un barbu au visage buriné leur emboîte le pas, trois bâtons de dynamite à la main.

Une grande gueule, cheveux frisés et moue insolente, houspille l'assistance : « Pas question de monter au front, d'ailleurs je ne suis pas un homme. » Ce n'est qu'une boutade et le briscard juvénile ne tarde pas à cavaler en tongs aux côtés d'une automitrailleuse du Bouclier du Levant. Les plaques de protection du trépied ont été cannibalisées d'un atelier de ferronnerie. On accueille le véhicule brinquebalant d'un « Dieu est grand », ce qui semble la moindre des choses.

Deux vieillards, cramponnés sur une moto haletante, déboulent en faisant le *V* de la victoire. Un imposant sexagénaire les suit d'un pas alerte. Il jette sa cigarette à peine allumée, à la vue de l'objectif d'une caméra, et il prend une pose martiale, la poitrine bardée de chargeurs. Il lance son nom, Abou Dahdah, tel un défi, et il s'engouffre dans la ruelle de tous les dangers. Les rafales sont désormais intenses et un obus de mortier s'abat dans un fracas sordide.

Un civil par trop intrépide titube sous le coup d'un éclat, le pied en sang. On l'épaule vers la mosquée pour les premiers soins. Les ambulances, l'une don de la Fondation pour la démocratie, l'autre offerte par une ONG turque, commencent leur sinistre ballet, à tombeau ouvert, toutes sirènes dehors. Le bouillant Abou Asmar, qui s'est précipité en première ligne avec son seul revolver à la main, trébuche pour une chute de plusieurs mètres. Évacué sur le flanc, il refuse d'être soigné et il peste d'avoir raté la *haflé*.

Pressentant des scènes plus tragiques, je m'éloigne du front. Les combats se poursuivent toute la nuit. Les gouvernementaux perdent quatre hommes et la dépouille de l'un d'entre eux tombe aux mains des révolutionnaires, en vue d'un échange ultérieur. L'ASL a deux morts dans ses rangs et il faut arrimer de cordes un des deux cadavres pour l'extirper du no man's land. L'honneur est sauf, puisque aucune dépouille n'a été cédée à l'ennemi. Le bilan de la bataille est dérisoire sur le papier. Une progression de quatre pâtés de maison pour l'insurrection, selon les uns, de huit, selon les autres. Salaheddine vibre pourtant d'avoir repoussé un peu plus loin les fantassins du despote.

Dans les camps palestiniens ou les montagnes afghanes, j'avais déjà rencontré des combattants passionnés, concentrés, acharnés à défendre leur terre, leur maison, leur famille, leur honneur. J'avais été impressionné par leur courage, ému par leur sacrifice. Mais leur combat se déployait dans le vide d'un décor planté par plus puissant qu'eux. Comme s'ils avaient encore le choix de leur mort, plus celui de leur vie. Ombres chinoises d'une tragédie écrite par d'autres.

Cela, je l'avais vu et revu, j'en avais chaque fois été secoué. Passé cinquante ans, je n'avais pourtant jamais vu le peuple d'une ville en armes. Ce peuple en armes, je l'ai vu à Salaheddine. À Alep, dans la Syrie en lutte pour sa libération.

Le bazar aux katibas

Le terme *katîba* signifie « bataillon » et désigne en fait toute unité armée de petite dimension. Il a été francisé en katiba par les guérilleros algériens du Front de libération nationale (FLN), deux générations avant que Jean-Christophe Rufin n'en fasse le titre d'un passionnant roman sur Al-Qaida au Maghreb islamique (AQMI). Le pluriel de *katîba* en arabe littéral est *katâ'ib*, qui a été traduit, au Liban, par les « Phalanges » et, en Palestine, par les « Brigades » (Al-Aqsa ou Qassam).

Tout cela pour dire que, aujourd'hui à Alep, on ne peut faire un pas sans croiser une katiba. Soit physiquement, du fait de la présence milicienne dans la rue, ou des barrages d'ailleurs plutôt décontractés. Soit sur les murs, constellés de proclamations diverses de katibas concurrentes. Soit dans les conversations, car le comportement de telle ou telle katiba, sur le front ou envers la population, est la source d'exégèses sans fin.

La révolution syrienne, on ne le répétera jamais assez, s'en est tenue durant des mois à une discipline non violente d'autant plus admirable que la répression gouvernementale était d'emblée impitoyable. Ce n'est qu'à l'automne 2011 que l'Armée syrienne libre (ASL) a commencé de dresser, sous la houlette d'officiers déserteurs, un organigramme classique, où la brigade (*liwa*) intégrait un certain nombre de katibas. Cette chaîne de commandement était largement virtuelle, faite pour rassurer autant les candidats à la dissidence que les éventuels soutiens étrangers.

La réalité est que la révolution syrienne, dans le domaine civil comme dans le militaire, se nourrit d'une dynamique d'effervescence par le bas : à une coordination émanant d'une initiative locale répond désormais une katiba tout aussi ancrée dans son environnement, l'une et l'autre négociant pied à pied leur intégration à un ensemble plus vaste. Ce bouillonnement, déjà complexe à gérer sur le plan politique, devient un défi presque insurmontable en termes d'opérations militaires.

La poussée révolutionnaire à Alep, à l'été 2012, est la conséquence directe de l'intégration d'une constellation de katibas dans une brigade de l'Unification (Tawhid). Nous avons vu que le couple dirigeant de cette coalition inédite est constitué, d'une part, d'un négociant pieux, devenu chef de guerre, Abdelkader Saleh, et, d'autre part, d'un colonel déserteur, Abdel Jabbar al-Okaidi. L'un et l'autre siègent dans les instances dirigeantes de l'ASL. Mais rien n'est simple, car la brigade Tawhid se réclame aussi du Front islamique de libération de la Syrie (FILS), ne serait-ce que pour solliciter des mécènes du Golfe au nom de cette solidarité « islamique ».

La brigade Tawhid est aujourd'hui forte d'environ dix mille combattants dans Alep et son arrière-pays. Son logo, composé de deux mains serrées sur fond de drapeau révolutionnaire, est très présent dans la ville et sa campagne. Cette volonté d'inclusion fait de Tawhid un élément majeur du paysage insurgé en Syrie, où elle pèse sans doute plus que les brigades comparables, les Faucons du Levant (*Suqûr al-Cham*) à Idlib, les Partisans de l'islam (*Ansâr al-Islâm*) à Damas ou le Conseil révolutionnaire de Deir Ezzor.

La militarisation du soulèvement, imposée par le régime Assad, sert sa propagande, car celle-ci n'a cessé de dénoncer les « bandes armées » et les « terroristes » stipendiés par l'étranger. Cette militarisation accentue tout aussi fatalement les tensions confessionnelles, du fait de la rhétorique religieuse qui imprègne le discours des katibas.

Cette islamisation de l'insurrection est aussi la résultante de trois phénomènes : le malaise de l'opposition nationaliste face aux dissidents militaires, qu'elle se révèle incapable d'intégrer dans la direction révolutionnaire ; la volonté des Frères musulmans, aux réseaux décapités en Syrie par la répression, d'y reprendre pied par le biais de katibas islamisantes ; l'abstention occidentale, qui ouvre un boulevard aux « parrains » du Golfe, eux-mêmes en rivalité, voire en surenchère dans leur soutien aux groupes les plus agressifs.

Ces considérations restent bien abstraites, alors qu'Alep offre un fascinant poste d'observation de ce kaléidoscope des katibas. J'ai pu rencontrer sur leur terrain trois de ces chefs militaires, tous rattachés à la brigade Tawhid, et pourtant très contrastés dans leur langage comme dans leur pratique : Abou Jaafar et Abou Khattab, qui campent chacun à une des portes de la vieille ville d'Alep ; Abou

Ali, le commandant de la colline de l'Izaa, à Seif al-Dawla. Cette galerie de portraits est complétée par celui de Hassan Jazara, le leader de Ghouraba al-Cham (les Étrangers du Levant), un « front » indépendant.

Abou Jaafar s'est taillé une solide réputation en pénétrant, sous un déluge de balles, dans la vieille ville d'Alep en juillet 2012. Il est aujourd'hui le « commandant général » du secteur de la porte d'Antioche (Bab Antakya) qui recouvre tout l'ouest du centre historique. Sa katiba des « soldats de Suleiman » se réfère au calife Suleiman, bâtisseur, en 715, de la grande mosquée d'Alep. Cette katiba s'affiche comme « jihadiste » et se réclame du FILS.

Abou Jaafar s'est installé dans un palais ottoman, où il reçoit, soit sous l'iwan, soit dans un salon voisin, où son statut dominant se lit au nombre de ventilateurs en marche. Toujours en tenue militaire, il accueille partisans, solliciteurs et plaignants. Une instruction glissée à un de ses subordonnés vaut décision irrévocable, parfois formalisée par un tampon qu'il dégaine comme un pistolet. Le renversement révolutionnaire des hiérarchies se mesure au fait qu'Abou Jaafar est loin d'avoir trente ans.

Le chef des « soldats de Suleiman » qualifie les Assad de « cochons », Hafez étant le « gros » et son fils Bachar le « petit ». Il affirme impossible de traiter avec des « infidèles » qui ne nourrissent pas la « crainte de Dieu ». Quant à la demeure qu'il occupe, il prétend que cet hôtel de charme était un antre du vice, avec deux arguments de poids : un bar était sur le point d'y être ouvert et les chambres étaient toutes dotées de salles de bain, preuve selon lui que les « filles » étaient bel et bien des professionnelles.

L'humour d'Abou Jaafar est tout aussi particulier que

son raisonnement. À l'enfant qui sert le thé et qui ne perd pas une miette des conversations, le commandant fait des recommandations en cas d'attentat-suicide : « Emporte 2 tonnes d'explosifs pour faire sauter un mur solide, seulement une si le mur est fragile. Contente-toi de 200 à 300 kilos si tu vises un lieu public, mais il vaut mieux en ce cas être deux pour se surveiller l'un l'autre. » Toute l'assistance s'esclaffe de cette blague douteuse. Sauf moi.

Les « soldats de Suleiman » n'ont jamais mené d'opération-kamikaze, pas plus que la katiba de la Safwa (l'Élite), dirigée par Abou Khattab. Ce chef de guerre est comme Abou Jaafar rattaché au FILS et il squatte, lui aussi, un bâtiment ottoman. En l'absence d'iwan dans ce caravansérail, il reçoit sous une tente bédouine reconstituée dans la principale salle du khan. Les ventilateurs vrombissent encore plus fort que chez Abou Jaafar et les tapis sont sans conteste plus moelleux.

Le salon d'Abou Khattab est pourtant bien vide par rapport à celui de son camarade du secteur ouest. Et pour cause, la katiba de la Safwa contrôle autour de Bab Nasr (la porte de la Victoire) une zone de combats toujours actifs, désertée par les habitants comme par les commerçants. Abou Khattab rumine dans sa barbe ce déclassement et il lance volontiers des accusations de « trahison » à l'encontre des étrangers. Un de ses adjoints va plus loin en dénonçant les promesses jamais suivies d'effet de la France et de la Grande-Bretagne en matière d'armement de la révolution syrienne.

Ces deux visites m'ayant laissé un goût mitigé, je ne cache pas que la rencontre avec Abou Ali me remonte un moral en berne. La cinquantaine grisonnante, un simple tee-shirt noir sur son pantalon de combat, ce chef-là a peu à voir avec les parvenus des katibas de la vieille ville. D'ailleurs, son unité n'a pas de nom, ou plutôt elle a le sien, c'est la « katiba d'Abou Ali ». Elle tient le front de la colline de l'Izaa et les partisans d'Assad ont eu des mois pour mesurer sa pugnacité.

Topographe de formation, Abou Ali est originaire de Lattaquié. Son frère a été incarcéré « pour de simples paroles », durant quatorze ans, à la sinistre prison de Palmyre. Abou Ali le qualifie de *khwanji* (frangin), ce qui a tout à voir avec son affiliation aux Frères musulmans, mais rien avec leur lien de parenté. C'est l'époque de la répression sauvage du soulèvement islamiste, qui fait des milliers de victimes à Alep en 1980, avant de se conclure, en 1982, par l'épouvantable bain de sang de Hama.

Lors du déclenchement de la révolution syrienne, en mars 2011, Abou Ali est convaincu que la dictature ne cédera jamais devant des manifestations pacifiques. Passionné de bricolage et de chimie, il élabore un stock hétéroclite de munitions et d'explosifs, qui prennent l'ennemi par surprise lors de l'offensive de l'été 2012. Malgré les pilonnages, il s'accroche sur son bout de colline, défendant cette enclave révolutionnaire dans des conditions insensées.

Aujourd'hui, Abou Ali campe avec ses hommes sur une placette désertée. Des amoncellements de parpaing, sur la ligne de crête toute proche, marquent la limite du no man's land. Une arquebuse moyenâgeuse, vouée à tirer des charges de dynamite, n'est que l'une des inventions du prolifique commandant. On repère aussi, en vrac sur la chaussée, différents assemblages de tuyauteries, métamorphosées en mortiers artisanaux. Il y a même un modèle réduit d'orgue de Staline, composé à partir de canalisations domestiques.

Abou Ali habite dans cet immeuble avec sa femme et ses trois enfants. Il a prénommé ceux-ci Mohammed, Hélène et Sara, par respect pour l'héritage des trois religions révélées à Alep (Sara, l'épouse juive d'Abraham, est censée l'avoir accompagné lorsque le patriarche nomadisait à Alep et y offrait le lait [*halib*] de son troupeau aux nécessiteux). Abou Ali voue une sainte haine aux jihadistes et il ne craint pas de s'engager publiquement à affronter les tenants d'un « État islamique » en Syrie.

« Ils devront me passer sur le corps », martèle le chef de guerre. Il vitupère un de ses subordonnés qui a revêtu une djellaba brune. « Qu'est-ce qui t'arrive ? Serais-tu devenu une femme ? Ici, seuls combattent les hommes. Va donc voir les femmelettes d'Al-Qaida. » Nous verrons plus tard combien les jihadistes sont accusés de fuir les lignes de front pour concentrer leur violence contre la population et les groupes rivaux. Pour l'heure, l'intransigeance d'Abou Ali est payante : une de ses recrues, qui l'avait quitté pour rejoindre une formation jihadiste, est revenue la queue basse.

Abou Ali a pardonné la brebis égarée. Le charisme du chef galvanise à l'évidence la katiba soudée autour de lui. Son adjoint, Abou Mahmoud, n'a que la moitié de l'âge de son supérieur. La barbe en bataille et le regard tranquille, ce fidèle grognard est recouvert de cicatrices (il a même survécu à un éclat dans le ventre). La proportion d'éclopés dans la petite troupe est d'ailleurs effarante. Allongé sur une natte, un enfant de quinze ans masse le plâtre de sa jambe droite : une roquette en a arraché la chair, laissant l'os à nu.

Ce soir-là, Abou Ali est déterminé à se venger des « provocations » du régime. La chaîne de télévision Dounya, propriété du cousin de Bachar al-Assad, a en effet affirmé que l'école voisine, Bassam al-Omari, est passée sous contrôle gouvernemental. Le démenti d'Abou Ali se décompose en deux temps. Il dépêche d'abord dans l'école dévastée un commando qui harcèle les positions loyalistes en contrebas. La visite de terrain et l'activation du front sont filmées, puis immédiatement mises en ligne pour prouver que l'école Omari est bien toujours tenue par la katiba révolutionnaire.

Après l'opération de communication, vient la *haflé*, la « fête ». Abou Ali décide en effet de châtier les mensonges du régime par une salve d'obus artisanaux. Un de ses hommes, lance-roquettes home-made à l'épaule, tente le premier sa chance. Abou Ali lui ordonne de s'éloigner vers le front : « Va mourir tout seul, malheureux ! » De fait, le projectile échoue piteusement au pied de l'entrée du no man's land. Beaucoup de bruit (et de gravats) pour rien.

Abou Ali offre une dernière rasade de thé brûlant, avant de se dresser en grande forme. Il enroule un câble d'acier autour de sa main gantée. Abou Mahmoud rafistole de pavés et de planches un trépied baroque, sur lequel il stabilise un des mortiers bricolés par son chef. Cinq fois, Abou Ali tire le câble. Cinq fois, un obus chargé par ses soins d'un mélange détonant s'envole vers les lignes ennemies. Il attend suffisamment entre chaque tir pour que les adversaires invisibles songent à sortir de leur cache, habitués qu'ils sont aux tirs uniques de la guérilla. Je me rappelle alors que la traduction littérale de ce terme espagnol signifie « petite guerre ».

Revigoré par le feu d'artifice, Abou Ali se replonge au milieu de ses hommes. Il accuse l'état-major de l'ASL de n'alimenter en armes et en fonds que les chefs qui lui sont inféodés. Il n'en chérit que plus sa farouche autonomie de terrain. Mais il coordonne volontiers ses actions avec le reste du « front ouest », dont sa katiba constitue un des éléments clés. Il avoue ne toujours pas comprendre l'attentisme de la France et de la Grande-Bretagne, et a fortiori des États-Unis. « La Russie et l'Iran ne craignent pas de s'impliquer massivement. Leur position, à eux au moins, est claire. Mais pourquoi l'Occident ne bouge-t-il pas ? »

La mise en cause de Moscou et de Téhéran n'est pas qu'une formule de style. Les obus qui s'abattent sur les zones « libérées » d'Alep sont bel et bien de fabrication russe. Ils sont tirés par des blindés russes, vomis par des batteries russes ou largués par des avions russes. Quant aux pasdarans, les « gardiens de la Révolution » de la République islamique d'Iran, ils conseillent et encadrent les troupes d'Assad dans les opérations de contre-insurrection urbaine. Et c'est à l'incitation de son parrain iranien que le Hezbollah libanais a engagé des milliers de ses combattants comme supplétifs de Bachar al-Assad.

Un sanctuaire chiite est niché au pied de l'Izaa. Les fidèles y vénèrent une goutte du sang de Hussein, petit-fils du prophète Mohammed, et imam martyrisé, en 680, dans la ville irakienne de Kerbala. La dépouille de Hussein gît toujours en Irak, sa tête est censée avoir été transportée jusqu'à la mosquée des Omeyyades de Damas. Mais, au cours de ce macabre trajet, une goutte de sang serait tombée à l'étape d'Alep, suscitant les dévotions chiites jusqu'à ce jour. Le sanctuaire a traditionnellement été protégé par la population sunnite du quartier durant des générations. Il est désormais sous la coupe d'un détachement du Hezbollah, intégré dans le dispositif loyaliste.

Sur l'Izaa, la rumeur veut que, passé 14 heures, les Iraniens occupent les positions assumées durant la première partie de la journée par les partisans syriens d'Assad. Les habitants y voient l'explication de l'agressivité renouvelée des francs-tireurs en fin d'après-midi. Abou Ali, pour sa part, n'en a cure. Sa katiba ne rate jamais une occasion de se battre, de jour comme de nuit. Lors d'une visite ultérieure à l'Izaa, on me montre fièrement un drapeau gouvernemental et une bannière du Hezbollah, saisis lors d'un audacieux coup de main d'avant l'aube. Dans Alep « libérée », personne ne dit « Hezbollah » (parti de Dieu), on stigmatise le « Hezb al-Cheytan » : le parti de Satan.

Après les hauteurs de l'Izaa, bienvenue aux bas-fonds de la pègre. Car Hassan Jazara ne fait pas mystère de sa reconversion de voyou au service de la révolution. Son patronyme signifie « Carotte », il a l'éclat de rire des grands fauves, et il se vante d'être « analphabète ». Sa meute, couverte de tatouages, a des allures de gangsters en goguette, trompant l'ennui en jouant avec leurs armes et leurs grenades. Les accidents sont fréquents, mais il est convenu d'y réagir avec une mâle indifférence et une pointe d'ironie.

La « Carotte » était un truand notoire du quartier de Sakhour. Lors des manifestations de juin 2011, il se garde de se mêler aux contestataires. Il affirme aujourd'hui qu'il s'infiltrait dans les rangs des *chabbiha* pour mieux les surprendre et les poignarder. Durant l'été 2012, il a l'intelligence de transformer sa bande en « front » (*jabha*) à l'appellation nimbée de toutes les vertus, Ghouraba al-Cham (les Étrangers du Levant).

Cette désignation est dérivée d'un des hadiths les plus populaires chez les fondamentalistes contemporains. Le prophète Mohammed est en effet censé avoir affirmé : « L'islam a commencé étranger, et il finira étranger, alors bienheureux les étrangers » (*ghouraba*). Ce hadith est invoqué par tous les internationalistes de l'islam moderne. Un cheikh militant d'Alep, Abou al-Qaaqa, avait baptisé en 2003 Ghouraba al-Cham son groupe de soutien à la guérilla antiaméricaine en Irak. Quatre ans plus tard, il est assassiné à la sortie de sa mosquée de Sakhour, un meurtre qui ne sera, bien sûr, jamais élucidé.

Hassan Jazara récupère habilement, avec l'expression Ghouraba al-Cham, un peu du prestige de l'icône militante de son quartier. Son groupe rassemble quelque quatre cents personnes et occupe une position centrale dans le « front est », qui va de Qadi Askar jusqu'à Hanano. Il négocie ainsi une certaine indulgence de la brigade Tawhid, même s'il est parfois obligé de sacrifier un de ses adjoints trop indélicats. Cela vient d'être le cas pour Abou Leith, dont les planques à Hanano ont été saisies lors d'un raid de « l'entité légale », la police militarisée dont nous détaillerons les activités au chapitre suivant.

Le QG de Jazara se trouve en bordure de Karm al-Jabal, au nord-est de la citadelle d'Alep. Mustapha, son factotum en tee-shirt rouge et tongs, suit partout le chef des Ghouraba pour lui apporter cigarettes ou jus de fruits. Une Mercedes, scintillante de blancheur, à la plaque customisée, se gare en majesté. À ses côtés, une automitrailleuse dont le pas de tir amalgame une roue et un guidon de vélo. Un gamin tournicote en trottinette, les combattants le mettent mollement en garde contre les trouées ouvertes aux snipers.

Juste à l'angle, une « route du paradis » s'offre béante aux tireurs ennemis. Deux gouapes en mal d'émotion y défient la mort en berline noire. Les portes en sont ouvertes, histoire de troubler les reflets. Les casse-cou jonglent bien avec les balles et reviennent sains et saufs. À chacun sa corrida. Un jeune insurgé distribue des bonbons pour fêter la performance. Mais le spectacle continue.

Oum Fadi, mère de dix enfants (dont deux adolescents en faction au QG), anime en effet une unité féminine de moujahidines (donc des moujahidates, en arabe standard). Adeptes du voile intégral et des lunettes sombres, ces trois combattantes sont escortées par Abou Mohammed, un fidèle de « la Carotte ». Elles s'apprêtent à tirer une roquette, au déclencheur chargé sur une batterie de voiture. L'obus part dans un fracas de tonnerre. Les rebelles prétendent viser une des grandes places du secteur « non libéré » d'Alep.

Le flou qui entoure la dimension militaire de ce tir est déjà palpable. En outre, le risque d'une riposte d'artillerie sur le QG tout proche des Ghouraba est bien réel. À moins que tout cela ne soit qu'une triste mascarade, destinée à nourrir la réputation d'Oum Fadi et de ses combattantes auprès de mécènes du Golfe, appelés à contribuer à l'œuvre pie de ces guérilleras. On me murmure qu'Abou Mohammed, ancien videur de boîte de nuit, continue de faire ainsi travailler ses « filles », mais cette fois sous le niqab, et au nom du jihad.

Allah est plus savant (*Allah a'lâm*) ! Des insurgés saluent un adolescent de treize ans, qui porte en bandoulière un fusil d'assaut M16, avec lunette de précision. Ils affirment que ce franc-tireur précoce a déjà deux morts loyalistes à son actif. J'en frémis d'effroi. Et quand un autre combattant prédit que la guerre en Syrie va durer trente ans, je comprends que les partisans de Ghouraba al-Cham seraient bien en peine de revenir à la vie civile.

Alors qu'y a-t-il de commun entre Abou Jaafar, Abou Khattab, Abou Ali et Hassan « la Carotte » ? Ni l'âge, ni la foi, ni les principes, ni le charisme. En revanche, aucun d'entre eux n'émane de la carrière militaire, ils ont tous choisi les armes en rejoignant la révolution. Pour de bonnes ou de moins bonnes raisons, leur sort est désormais lié à la marche de cette révolution : ils lutteront jusqu'à la victoire, sans aucun état d'âme.

Ces quatre chefs de guerre ne partagent ni la culture politique, ni les valeurs militaires du colonel Okaidi, leur supérieur au sein de l'ASL. Ils sont fiers que la brigade Tawhid ait pu dépêcher une unité sur le front de Qusayr, plus de 200 kilomètres au sud, même si l'armée gouvernementale et le Hezbollah ont fini, en juin 2013, par s'emparer de ce bastion révolutionnaire. Mais leur horizon de commandants est limité aux frontières de leur quartier. Et leur obsession est de trouver des armes, plus encore que du financement, pour conserver à leur groupe son caractère opérationnel.

Dans le chapitre précédent, nous avons suivi une (petite) bataille à Salaheddine, sans jamais évoquer le chef de la katiba engagée. C'est révélateur d'une guérilla populaire, dont l'énergie contagieuse compense en partie la structuration flageolante. Mais c'est aussi dû au style du commandant militaire de Salaheddine : Abou Hazem, habillé en civil, se fond au milieu de ces hommes, il s'expose avec eux et il les harangue d'une rafale à l'autre. Dès que les combats sont terminés, Abou Hazem s'éclipse. Il laisse le comité citoyen gérer le quartier. Ses camarades, ses voisins et ses soldats respectent alors son intimité. Car Abou Hazem est un jeune marié.

Je finis la journée dans l'antre d'un ambulancier. Il est épuisé par ces navettes avec le front. Je lui souhaite un « ramadan généreux ». Il répète « généreux » avec un sourire ambigu. Et il me tend un collier de munitions de mitrailleuse lourde, enfoui sous un sac de médicaments. « Généreux, regarde, c'est un blessé que j'ai évacué hier qui portait cela en bandoulière. Il est mort dans mon ambulance, sans même me dire son nom. »

Je comprends que le secouriste, pacifiste en diable, n'est pas vraiment pressé de rendre ces munitions convoitées à des combattants. Et puis il dégaine un argument massue : « La confusion était telle sur la ligne de front que je ne sais même pas à quelle katiba il appartenait. » À sa porte, une banderole claque : « En l'absence de piété (*taqwâ*), la victoire va au plus fort (*aqwâ*). » La piété, et non l'unité. Le bazar des katibas n'est pas près de fermer.

La chariyya, et non la charia

«Nul n'est légitime (*char'y*) hors du peuple
Et sans lui, il n'y a aucune légitimité (*char'iyya*).»

Cette pancarte brandie à Bustan al-Qasr vaut attaque voilée de la *Hay'a char'iyya*, cette «instance légale» mise en place par la guérilla syrienne pour assurer l'ordre et la sécurité dans les zones libérées du régime Assad. Un petit détour par le vocabulaire s'impose cependant pour appréhender la complexité de cette notion, cruciale pour le devenir de la révolution, en Syrie et au-delà.

Il faut d'abord comprendre qu'il n'y a pas de différence en arabe entre «légitimité» et «légalité». Ce qui est légal est légitime, et vice versa, processus somme toute logique en situation révolutionnaire. Aucune place en arabe pour la distinction forgée par les constitutionnalistes français entre la «légalité» condamnable du maréchal Pétain, en 1940, et la «légitimité» résistante du général de Gaulle.

L'«instance légale», qui émerge durant l'hiver 2012-2013 à Alep, est donc littéralement légitime. Les habitants la désignent sous le terme générique de *Hay'a*. Cette

« instance » émane de la principale brigade insurgée, Tawhid, et elle est par ce biais rattachée à l'ASL. Elle se distingue de la Sécurité révolutionnaire (*Amn al-thawra*), instituée dès août 2012 par Tawhid, avec une triple mission : la sanction des rebelles coupables d'actes criminels, la traque des « informateurs » infiltrés par le régime et la « sélection » des déserteurs, renvoyés chez eux avec un certificat de bonne conduite (tous les témoignages concordent sur le fait que la guérilla syrienne ne force pas les déserteurs de l'armée loyaliste à rejoindre ses rangs).

En revanche, la vocation de la *Hay'a* va bien au-delà de la fonction de police militaire de la Sécurité révolutionnaire. Il s'agit d'une force de l'ordre, dans tous les sens du mot, qui est d'autant plus présente que le projet de « police civile » (*shurta madaniyya*), avec cinq cents hommes répartis sur la province d'Alep en janvier 2013, tarde à se développer sur le terrain. Si le monopole de la violence organisée est l'attribut cardinal de l'État, alors la *Hay'a* est une composante majeure de la construction de l'État syrien post-Assad, émancipé de la dictature comme de l'anarchie milicienne.

Les termes de *char'iyya* (légalité, légitimité) et de *charî'a* (charia, soit la loi islamique au sens large) dérivent tous deux de la même racine trilitère, *cha-ra-'ayn*, qui renvoie au droit. Il est cependant incontestable que si la charia est associée au registre religieux de ce droit, la chariyya relève par contre d'une conception laïque, en tout cas dégagée dans son concept d'une transcendance religieuse explicite. Il n'en est que plus regrettable que les médias internationaux se soient engouffrés dans ce piège sémantique en confondant charia et chariyya.

Cela a conduit à la traduction de *Hay'a char'iyya* par «tribunaux islamiques» en français, voire par «Sharia courts» en anglais. La référence aux «Tribunaux islamiques», la milice jihadiste la plus redoutable de Somalie, ne pouvait dès lors que faire trembler. De là à affirmer que la charia était imposée par la force brutale à Alep et dans son arrière-pays, il n'y avait qu'un pas qui a été allègrement franchi par la plupart des commentateurs. La situation est pourtant bien plus complexe que ces raccourcis ravageurs le laisseraient penser.

La Syrie des Assad, père et fils, n'est en effet «laïque» que dans l'esprit des thuriféraires de la dictature. Tout l'état civil est géré en amont par les juridictions religieuses, musulmanes ou chrétiennes, qui certifient naissance, mariage ou décès, avant que ces décisions soient validées par les instances civiles de l'État. Les litiges nés des divorces ou des héritages sont ainsi traités par les autorités cléricales avant d'être soumis, en cas de désaccord persistant, à l'arbitrage des juges. Cette situation est encore plus fréquente dans les zones rurales, où les cheikhs de village font office de juge de paix pour les différends locaux.

Du fait de l'épouvantable chaos infligé par la terreur gouvernementale dans les campagnes d'Alep, les notables religieux sont apparus comme des pôles rassurants de rétablissement d'une forme de normalité. Le paradoxe est que ces cheikhs, rodés à la pratique du culte, n'ont aucun bagage en charia, une discipline en soi des études islamiques, avec sa méthodologie intellectuelle et ses écoles juridiques (le sunnisme compte à lui seul quatre écoles canoniques, dont dérivent des interprétations parfois très contrastées).

Un cheikh ainsi promu «juge» (*qadhi*) se contente en

fait d'un « habillage » de charia pour des décisions relevant plutôt du droit coutumier ou de l'arbitrage transactionnel. Mais cette référence à la charia est essentielle pour légitimer ses décisions aux yeux d'une population devenue très critique et exigeante. La charia est mise en avant comme antidote symbolique à l'arbitraire et à la corruption de la « justice » délivrée sous l'ancien régime.

Afin de bien saisir cette dialectique complexe entre charia et chariyya, il faut accepter l'existence de juridictions civiles qui invoquent la charia, mais sans forcément l'appliquer, afin de consolider leur légitimité (chariyya) aux yeux de la population. En septembre 2012, un juge dissident, un cheikh et un avocat s'accordent pour jeter les bases d'un système de tribunaux civils, indépendants de l'ASL et des autres milices.

Le Mouvement des avocats libres d'Alep, très actif contre la dictature, est à la pointe de cette construction pragmatique. La mémoire d'un des fondateurs de ce mouvement, Mohammed Amine Abdellatif, est d'ailleurs célébrée dans les bureaux militants de la ville. Il était devenu procureur général lorsqu'il a été tué dans la chute d'un obus, le 23 juin 2013, sur le rond-point de Haidariyya, au nord-est d'Alep, une des cibles favorites de l'artillerie lourde du régime.

À côté de ces tribunaux civils et autonomes, la *Hay'a char'iyya* tient lieu de force de police vers laquelle la population se tourne pour se plaindre des abus. Le quartier général de la *Hay'a* se trouve dans l'ancien hôpital général, réquisitionné à cet effet. Des barrages de la *Hay'a* complètent la mosaïque des positions tenues par les différentes milices dans Alep, s'ajoutant à elles sans s'y substituer. La permanence locale de la *Hay'a* fait office de commissariat de quartier.

La sollicitation citoyenne ne débouche cependant pas toujours sur une intervention de la *Hay'a*, prisonnière du rapport de forces avec les unités armées. Ainsi, cet habitant d'Ansari, au sud-ouest d'Alep, a beau dénoncer à la *Hay'a* les brutalités infligées par les insurgés locaux à ses deux neveux de douze et neuf ans, la *Hay'a* refuse de se saisir de l'affaire. Pire, les combattants mis en cause menacent l'oncle des deux victimes de représailles s'il persiste dans sa plainte. Ainsi va la justice à Alep, souvent au bout du fusil. D'où la contestation des résistants civils qui rappellent à la *Hay'a* que sa seule légitimité émane du peuple.

J'ai aussi pu constater que la *Hay'a* sert d'échappatoire commode aux commandants militaires peu désireux d'en découdre avec des bandes délinquantes. Abou Jaafar, le chef militaire rencontré dans la vieille ville, n'a ainsi aucune envie d'une confrontation avec les Khatib, un gang mafieux qui sévit au nord d'Alep. Il se défausse alors sur la *Hay'a*, seule mandatée selon lui pour châtier les Khatib. En revanche, nous avons vu que la *Hay'a* n'a pas craint de démanteler une unité mafieuse de Ghouraba al-Cham à Hanano.

Cette « instance légale » pâtit donc bien plus de son émanation dérivée de l'arbitraire milicien que d'une volonté rigoriste d'application de la charia. Certes, comme dans les campagnes d'Alep, un cheikh peut être opportunément convoqué pour valider la sentence prononcée par la *Hay'a*. Mais ce cheikh n'ayant que de très vagues notions de charia proprement dite, il faut y voir plutôt la manifestation d'un ordre moral, contestable et regrettable, cela va sans dire, que l'application planifiée d'un projet théocratique.

Une anecdote permet sans doute d'illustrer ce propos. Le frère d'un résident croisé à Salaheddine est depuis des jours détenu par la *Hay'a*, qui refuse de le libérer tant qu'il ne récitera pas de mémoire la deuxième sourate du Coran. Cette sourate, dite de « La Vache », est, avec deux cent quatre-vingt-six versets, la plus longue du livre sacré. Une écoute superficielle de ce fait divers amènerait à conclure que la *Hay'a* est composée de dangereux maniaques, qui imposent au nom de la religion des humiliations intolérables à la population.

Mais l'histoire ne s'arrête pas là. Le détenu, appelons-le Abdallah, est en effet un conscrit, déserteur de l'armée gouvernementale. Durant la plus grande partie de la révolution, il n'a pas réellement effectué son service militaire, graissant la patte de son officier pour être inscrit sur les registres sans jamais se présenter. La mort au combat de cet officier a entraîné le début des malheurs d'Abdallah, jusque-là épargné par les horreurs de la guerre.

Le nouvel officier a vite découvert la supercherie. Abdallah, convoqué *manu militari*, est jeté dans un cachot des Renseignements militaires (*moukhabarât 'askariyya*). Il y est abominablement torturé. Puis, en casque et uniforme, un commissaire politique sur le dos, il est dépêché sur un des fronts les plus actifs d'Alep, à Khan al-Assal, le bien mal nommé « caravansérail du Miel », qui tient l'accès à la fois à la route de Damas et à celle d'Idlib.

À Khan al-Assal, entre autres atrocités, les hélicoptères du régime larguent des « barils », ces containers de TNT chargés de grenaille. L'effet destructeur et incendiaire de ces « barils » est fulgurant. C'est aussi à Khan al-Assal que Mohammed Zein, un journaliste-citoyen de vingt-deux ans, est tué le 6 juin 2013, tandis qu'il filme au plus près les combats acharnés.

Abdallah affirme avoir sciemment évité les cibles qui lui étaient assignées à Khan al-Assal. Il ne tarde d'ailleurs pas à déserter et à se réfugier en secteur révolutionnaire. C'est là que des habitants de Khan al-Assal le dénoncent à la *Hay'a*, l'accusant d'avoir tiré sur leurs maisons et sur eux-mêmes durant les affrontements. Confronté à ce dilemme, l'« instance légale » tranche par une détention indexée sur une peine de réhabilitation morale, l'apprentissage par cœur de la plus longue sourate du Coran.

Cette décision peut paraître surprenante, inadaptée, injustifiable. Elle n'en est pas moins une marque de clémence en comparaison de la liquidation sommaire qui aurait pu découler d'aussi graves accusations. Ajoutons qu'Abdallah, maltraité lors de son incarcération à la *Hay'a*, se garde de comparer ces brutalités avec les sévices infligés par les Renseignements militaires de l'armée loyaliste. Et la pitance est, selon son frère, moins chiche dans les geôles de la révolution que dans celles du régime. Tout cela est très relatif, mais Abdallah a des chances sérieuses d'être bientôt libre… une fois la sourate de « La Vache » supposée mémorisée.

La *Hay'a* se livre d'ailleurs à un exercice de « transparence » pour le moins insolite, du fait des critiques répétées de la population à son encontre. Elle diffuse sur Internet une « visite guidée » dans une de ses prisons, avec interview du responsable médical, insistance sur le traitement respectueux des détenus et sur la qualité de leur nourriture.

L'exercice de propagande, avec logo explicitement islamique (Coran ouvert sur fond de deux minarets), est sans nuance. Mais, de mémoire de Syrien, aucune prison gouvernementale n'a jamais ainsi été exposée.

Mon séjour à Alep se déroule sur fond de renversement par l'armée égyptienne du président Mohammed Morsi, dirigeant des Frères musulmans, et premier chef d'État démocratiquement élu de l'histoire du pays. Les nouvelles du Caire provoquent stupeur et accablement chez les habitants d'Alep, où elles sont suivies en direct dans les hôpitaux, les bureaux ou les commerces. La fusillade du 8 juillet 2013, qui fait une cinquantaine de morts parmi les manifestants islamistes, choque d'autant plus qu'elle est associée aux massacres perpétrés par le régime Assad dans les rangs des protestataires pacifiques.

Les Frères musulmans égyptiens paient là le prix de leur gestion calamiteuse, de leur sectarisme partisan et de leur crispation autoritaire. Ils persistent pourtant à se réclamer de la chariyya, de la légitimité démocratique du président Morsi, et non de la charia, la loi islamique inscrite dans la Constitution égyptienne depuis 1980. Et c'est bien ce mépris du vote populaire qui trouble les révolutionnaires d'Alep, qu'ils soient ou non islamistes, et non une éventuelle violation de la charia par les libéraux égyptiens et leurs parrains militaires.

Le commentaire qui revient en boucle face au renversement de Morsi peut se résumer ainsi : « Les Égyptiens ont ruiné leurs chances de changement démocratique. » Le jugement est d'autant plus sévère que le président déchu avait, juste avant sa déposition, adopté une ligne pugnace sur le dossier syrien, rompant enfin les relations diplomatiques avec Damas. Bachar al-Assad se félicite d'ailleurs bruyamment de la répression des Frères musulmans égyptiens.

En outre, les nouvelles autorités adoptent au Caire un discours très agressif envers les réfugiés syriens. Des violences xénophobes sont encouragées à leur encontre. Et l'accès au territoire égyptien, jusqu'alors facilité, est désormais soumis à visa pour les ressortissants syriens. D'où une ruée à Alep sur les photocopies, les télécopies et les scanners pour établir les précieux documents. Cette agitation ne concerne cependant que la minorité privilégiée de détenteurs d'un passeport valide, délivré... par le régime Assad.

Sur la dynamique plus générale d'imprégnation religieuse, il convient de rappeler que les quartiers populaires d'Alep étaient marqués, bien avant la révolution, par une pratique sourcilleuse. Un épicier d'Ansari ne sait mieux décrire le désordre prévalant lors des batailles de l'été 2012 qu'en s'exclamant : « C'était vraiment la folie, il y avait des femmes dévoilées partout ! » Dans toutes ces zones modestes, voire miséreuses, de la cité, le niqab noir, soit le voile intégral de couleur sombre, éventuellement accompagné de gants, est très fréquent. Les Syriennes ainsi couvertes sont ironiquement qualifiées de *mufayyimates*, littéralement les « vitres teintées » des voitures de luxe.

Je me dois aussi de souligner que toutes les personnes rencontrées lors de ce séjour sont sunnites (les sunnites représentent plus des quatre cinquièmes de la population de Syrie, une proportion encore plus élevée à Alep). Le fait que ces personnes soient arabes ou kurdes, observantes ou peu pratiquantes, n'enlève rien à mon regret de n'avoir pas retrouvé certains de mes amis chrétiens d'Alep. Ils vivent aujourd'hui en secteur gouvernemental, comme l'écrasante majorité de la communauté chrétienne d'Alep, ou bien ils ont choisi, la mort dans l'âme, le chemin de l'exil.

Le grand quartier chrétien d'Azizyé est sous contrôle du régime et m'était donc inaccessible. Quant au secteur proche de Jdeidé, il a été déserté par l'essentiel de sa population chrétienne, du fait des combats récurrents, et mes efforts pour m'y rendre à partir de Bab Nasr, en dépit de la tension palpable, ont tourné court. La seule église que j'ai visitée est désaffectée depuis 1937 : il s'agit du complexe Shibani, dans la vieille ville, longtemps siège de l'école franciscaine de Terre Sainte, avant qu'elle ne déménage vers de nouveaux locaux. Toujours désigné comme « l'église » par les combattants révolutionnaires, le site n'a connu d'autres déprédations que les tirs de l'armée gouvernementale contre colonnes et balcons, à l'impact clairement visible.

Non loin de « l'église » Shibani, une école primaire porte le nom d'un révolutionnaire chrétien, Bassel Shéhadé. Celui-ci avait abandonné ses études de cinéma aux États-Unis pour venir former des reporters-citoyens à Homs. Il est fauché à vingt-huit ans par un tir loyaliste, le 28 mai 2012, et un de ses élèves musulmans meurt avec lui de la même rafale. Tous deux sont enterrés à Homs, car les milices du régime ont interdit le transfert de la dépouille de Shéhadé dans le quartier chrétien de Damas, avant d'y perturber un office religieux à sa mémoire.

L'école Bassel Shéhadé se dénommait auparavant Al-Khaoula. Ce changement d'appellation suscite quelques remous, non pas du fait de la personnalité de Shéhadé, objet d'un respect unanime, mais en raison des critiques à l'encontre de l'initiateur de cette opération. Il s'agit d'un négociant du quartier, Mohammed Zakarya Aziza, qui tente d'y valoriser son prestige personnel. C'est pourquoi, sous le nom de Shéhadé préservé, les remerciements à Aziza ont été recouverts de peinture bleue. Un chrétien mis en valeur et un musulman effacé, donc, au cœur de ruelles unanimement sunnites.

À Salaheddine, en cette veillée de ramadan, l'heure est à la fête, au chant et à la danse. La mélodie évoque la conviction de la victoire, le refus de laisser la peur prévaloir de nouveau, ainsi que « la Syrie chrétienne et musulmane ». Vous vous rappelez du commandant Abou Ali, qui a prénommé une de ses filles Hélène, en référence à la mère de l'empereur Constantin, sainte de l'Église d'Orient, à laquelle était consacrée la cathédrale d'Alep. Cette cathédrale a continué d'être fréquentée près de cinq siècles après la conquête islamique, et c'est en représailles aux croisades qu'elle a finalement été fermée et démantelée.

Il serait pourtant absurde de nier que les infinies souffrances de la répression et de la guerre ont accentué une religiosité populaire déjà à fleur de peau. Les invocations d'Allah et de son prophète sont permanentes, elles scandent conversations, échanges et tractations. Une des décisions majeures de la *Hay'a* a été d'annoncer la sanction de tout manque de respect de la personne de Mohammed (je note qu'une de ses affiches, placardées à cet effet dans la vieille ville d'Alep, n'a pas tardé à être déchiquetée).

Ce rigorisme est aussi un retour de flamme face à la dérive idolâtre du culte de la personnalité des Assad. Portraits et statues de la famille Assad étaient omniprésents dans tout l'espace public. Les arracher ou y porter atteinte exposait aux pires sanctions du sacrilège. Hafez était célébré comme le « leader pour l'éternité » (j'ai même entendu des militants du Baas beugler « et même au-delà » de l'éternité, ce qui, avouons-le, est un peu excessif).

Bachar al-Assad a hérité de son père cette invraisemblable prétention à diriger « pour l'éternité ». Et ses sbires ont maintes fois contraint leurs prisonniers à s'agenouiller devant son portrait, à l'adorer comme une divinité. Aujourd'hui que cette soldatesque a été boutée en deçà de la ligne de front, des graffitis révolutionnaires clament que seul « le prophète Mohammed est notre leader pour l'éternité ». Après tout, cela n'engage à rien pour la gestion des affaires d'ici-bas.

Les femmes et les hommes d'Alep se sentent abandonnés du monde entier face à une machine de guerre qui les broie et les pourchasse. Étant soumis tous les jours à la barbarie de la dictature Assad, ils ne comprennent pas la passivité internationale et, du fond de leur désarroi, ils échafaudent les pires théories de complot. Les musulmans seraient les victimes d'une vaste conspiration, livrés aux massacres du fait de leur simple identité islamique. C'est ainsi que le repli identitaire se nourrit de cette conviction d'avoir été trahis, vendus à vil prix au despote de Damas.

Cette rétraction confessionnelle est aussi encouragée par l'activisme et l'efficacité des ONG islamiques sur le terrain. L'IHH turque, la « Fondation pour les droits humains », est très présente par des distributions d'aide dans les secteurs exposés d'Alep, et auprès d'une population sauvée du déracinement par cette assistance. L'IHH s'était rendue célèbre en mai 2010 par sa tentative de forcer le blocus maritime de la bande de Gaza, tentative brisée dans le sang par l'armée israélienne. L'IHH opère à Alep avec des ONG du Golfe, dont la popularité est à la mesure de leur indéniable générosité.

La conséquence la plus perverse de la passivité occidentale à Alep, comme ailleurs en Syrie, est d'accréditer la conviction que les musulmans ne peuvent compter que sur d'autres musulmans en ces temps de détresse. Pendant ce temps, l'ONU se livre à de savants exercices de style sur les avantages et les inconvénients du « transfrontalier », en clair de l'assistance en territoire syrien à partir de la frontière turque. De crainte d'enfreindre la sacro-sainte souveraineté de la Syrie des Assad, les Nations unies se sont à ce jour interdit une initiative aussi élémentaire. Il n'est dès lors guère surprenant que les habitants d'Alep s'en remettent dans leur malheur à Allah et à leurs coreligionnaires musulmans.

En ce début de ramadan, un compagnon syrien a l'aimable attention de m'acheter une boisson fraîche à l'étal d'une des places les plus fréquentées d'Alep. Il s'attire le regard noir du vendeur, car le fait d'insister pour une bouteille tout droit sortie du réfrigérateur trahit la volonté de la consommer rapidement. En Tunisie ou en Égypte, une telle démarche aurait valu à un consommateur musulman un refus catégorique, sans doute agrémenté d'insultes. Dans l'aimable Maroc, les « dé-jeûners », qui affichent publiquement leur déni du ramadan, sont passibles de prison. Et je ne m'appesantis pas sur la sourcilleuse prohibition en vigueur dans le Golfe.

Alep en lutte quotidienne demeure donc relativement tolérante. Rien n'est joué, sur ce sujet comme sur les autres, et nous verrons comment les spadassins jihadistes tentent d'imposer à une population rétive leur interprétation obscurantiste et agressive de l'islam. Mais, en face de l'entrée de la mairie révolutionnaire, un graffiti géant proclame que « la légitimité est au peuple et la religion à Dieu » (Allah). Si j'ai bien lu mes classiques, cela me paraît une définition tout à fait recevable de la laïcité

Gérer la révolution

Voici le maire d'Alep, ou plutôt le « président du conseil local », qui l'a élu à sa tête. Ahmed Azzouz est né il y a trente-trois ans dans le quartier central de Bayyada, avant de s'installer à Hanano, au nord-est de la ville. Comptable de formation, il avait fondé, avant la révolution, une petite entreprise d'informatique. Le maire a aujourd'hui sous son autorité cinq cents employés municipaux. Et il assume la charge de veiller au quotidien d'au moins un million d'habitants des zones « libérées ».

Azzouz, fine moustache et joues rebondies, s'est engagé dans l'activisme clandestin dès 2011. Enlevé par la redoutable *Jawiyya* (les renseignements de l'armée de l'air), il est torturé au point d'en garder des séquelles à la jambe gauche. Mais il s'estime heureux d'avoir survécu à ces deux mois de détention alors que, selon lui, onze mille personnes ont été tuées à Alep en deux ans (et quatre mille autres auraient « disparu » durant la même période). Et son incarcération ne le dissuade pas de s'investir encore plus dans le comité résistant de son quartier, Hanano

L'offensive de l'été 2012 voit un « Conseil révolutionnaire transitoire » se mettre en place pour superviser les zones passées sous contrôle de l'ASL, dans Alep et sa province. L'échelon déterminant demeure cependant le comité de quartier ou de village, le plus proche des habitants et de leurs préoccupations matérielles. Azzouz, coopté à la tête du comité d'Hanano, prend très au sérieux ce rôle de notable de proximité.

En mars 2013, Azzouz est l'un des deux cent vingt-cinq délégués locaux à franchir la frontière turque. L'assemblée de vingt-neuf conseils et comités révolutionnaires d'Alep se tient à Gaziantep, hors de portée de l'artillerie et de l'aviation d'Assad (et, espère-t-on, de ses informateurs). Azzouz recueille la majorité des suffrages de ses pairs. Il devient ainsi le premier maire démocratiquement élu d'Alep, même si ce scrutin de grands électeurs ne relève pas encore du suffrage universel direct.

La tâche est immense et Azzouz doit mobiliser toute son énergie pour ne pas céder au découragement. La « Coalition nationale », qui rassemble depuis novembre 2012 le plus large éventail de l'opposition syrienne, alloue à la municipalité d'Alep 300 000 dollars. C'est beaucoup pour une coalition notoirement désargentée, dont la crédibilité est sapée par l'aide directement allouée par les mécènes du Golfe à leurs clients syriens. Mais cela ne représente qu'un peu plus d'un dollar pour dix habitants d'une métropole où, comme le soupire « monsieur le Maire », « tout est à reconstruire ».

Un premier pari est tenu avec la réouverture de cinq lignes d'autobus, qui sillonnent les zones « libérées » et soulagent le réseau de taxis collectifs. Il a fallu pour cela constituer des stocks de carburant importé de Turquie. Les raffineries gouvernementales boycottent en effet Alep et son arrière-pays. Les stations-service, désaffectées, ont parfois été transformées en marchés aux puces. La « benzine » de contrebande se vend en jerricans, négociés en bord de route, ou en bouteilles d'un litre versées dans le réservoir.

L'activité commerciale d'Alep reprend timidement depuis le printemps 2013. Mais Azzouz estime que la ville est encore en deçà de 5 % de son potentiel de production. Il le mesure bien dans son entreprise d'informatique, qui tourne toujours au ralenti. Il se félicite cependant d'avoir contribué, malgré les tensions inflationnistes liées au ramadan, à maintenir les prix des produits de base à un niveau raisonnable. Là encore, les zones « libérées » peuvent s'appuyer sur le marché turc, tandis que le secteur gouvernemental d'Alep a une marge de manœuvre de plus en plus limitée.

La municipalité opère depuis un immeuble du quartier semi-industriel de Chaar, à l'est de la vieille ville. La citadelle, d'où les batteries gouvernementales pilonnent toujours les positions insurgées, figure d'ores et déjà sur le logo de la mairie. Un marché de produits alimentaires a été évacué pour installer les services municipaux. Un atelier de textile ronronne à l'étage inférieur. Le dépôt des armes à la réception, en contrepartie d'un ticket nominatif, est une condition indispensable pour accéder à la mairie.

Les bureaux sont paysagers et d'une irréprochable propreté. Un premier espace est réservé aux diverses demandes d'assistance. Un second abrite le maire et ses collaborateurs, avant une dernière salle où chacune des directions municipales est représentée. Les délégués des comités révolutionnaires, que je croise à la mairie, se disent satisfaits de l'accueil et de l'efficacité de leurs interlocuteurs sur place. Je compare cette appréciation positive aux critiques dont ils abreuvent les katibas et la *Hay'a Char'iyya.*

On ne peut pas rater Ahmed Azzouz, au centre de tous les regards comme de toutes les sollicitations. Il a inscrit au-dessus de son bureau un hadith de circonstance, citation du prophète Mohammed : « Si tu accueilles ton frère par un sourire, c'est comme une offrande à Dieu » (*sadaqa*). Il en faudrait plus pour tempérer l'impatience des administrés. Le maire, visiblement exténué, me confie : « Chacun veut tout, et tout de suite, sans penser à l'ensemble. »

Cette discipline collective, Azzouz s'efforce de la distiller avec les outils managériaux qui sont les siens : l'ordinateur, les classeurs, les documents officiels, instruments d'une technocratie qui ne serait pas que bureaucratie. Il était impossible, sous l'ancien régime, d'obtenir le moindre papier sans verser un pot-de-vin. Le maire veut aussi signifier que cette période est révolue.

« Nous avons délivré notre premier document d'état civil il y a seulement quelques jours. J'ai ouvert des antennes de services aux citoyens dans les quartiers d'Ansari (au sud-ouest) et de Hanano (au nord-est). Auparavant, tout était centralisé dans un seul bureau, dont rien ne sortait sans bakchich. » Azzouz s'anime, il se sait sur la bonne voie. Mais son enthousiasme retombe vite. « Quand je pense que les loyalistes pourraient détruire les archives, toujours en leur possession, je me sens tellement impuissant ! »

Le front de l'électricité est naturellement prioritaire pour le jeune maire, car nous avons vu que les coupures de courant alimentent une grogne populaire généralisée. Il ne se passe pas un jour sans que les équipes municipales ne réparent pylônes et centrales. Les quartiers de Bacha et de Bayyada retrouvent ainsi l'électricité après en avoir été privés pendant près d'un an. Des interventions parallèles sont déterminantes à Dahrat Awad ou Jawrat Awad.

Des délégués d'autres quartiers, pris à partie par leurs administrés, mettent en cause la lenteur supposée des employés de la mairie. Ceux-ci décident à leur tour un sit-in de protestation contre des élus qui ont une « mission » (*taklîf*), et non un « privilège » (*tachrîf*). Toute cette agitation est évidemment mise en ligne sur la page Facebook de la municipalité, transparence révolutionnaire oblige.

La question du ramassage des ordures est aussi pressante. Le rond-point de Jisr al-Hajj est devenu un immense dépotoir à ciel ouvert, dont les chaleurs de l'été activent la puanteur. Les bulldozers et les camions de la municipalité s'attaquent d'abord aux décharges de Sakhour, incrustées dans des quartiers d'habitation. Mais il faut aussi rafistoler les canalisations, stabiliser les chaussées, rétablir le tout-à-l'égout. Sans compter les épandages préventifs face aux moustiques et autres porteurs de germes, qui prolifèrent avec la montée de la température.

Mes amis des ONG qui se sont rendus à Alep durant l'hiver précédent s'accordent tous à souligner les progrès spectaculaires de l'environnement urbain. Énormément reste à accomplir et l'eau du robinet continuera longtemps d'être impropre à la consommation. Mais la volonté partagée de mener la vie la plus « normale » possible est partout palpable. Et qui se plaint des générateurs peut en revanche admirer, la nuit, le ciel d'Alep dégagé de toute pollution lumineuse, ses étoiles scintillantes comme en plein maquis.

Ahmed Azzouz file ce matin-là vers le gouvernorat, situé dans la zone industrielle de Cheikh Najjar, à une dizaine de kilomètres au nord-est de la ville. L'arc de triomphe, à l'entrée de Cheikh Najjar, garde les traces béantes des effigies des Assad qui le constellaient. Mais les révolutionnaires se sont gardés de l'abattre. Tout le secteur est sous le contrôle de la brigade Tawhid, qui en rajoute dans l'amabilité débonnaire.

Le gouvernorat est installé dans l'ancien siège d'une banque franco-saoudienne. Comme à la mairie, le dépôt des armes est de rigueur à la réception. Le « conseil de la province libre d'Alep » s'est constitué, lui aussi, en mars 2013, en pendant de la municipalité désormais élue. Plus d'une centaine d'autres conseils municipaux ont émergé dans cette province d'Alep où résidait, avant la révolution, le quart de la population syrienne.

Il revient à un conseil juridique, composé de deux avocats et d'un ingénieur, de valider les différents scrutins municipaux. La mairie concernée est alors habilitée à traiter avec la direction des collectivités locales. Le gouvernorat compte neuf autres directions, les trois plus sollicitées étant les transports, la santé et l'éducation. Un sit-in de protestation contre la situation des transports vient d'ailleurs de se dérouler à Cheikh Najjar.

Le maire d'Alep vient retrouver le gouverneur, Mohammed Yahya Nahnah, son partenaire naturel sur tous les grands dossiers. À la différence de l'outsider révolutionnaire qu'est Azzouz, Nahnah est un produit du sérail : ingénieur civil, il était déjà chargé de l'inspection générale dans le gouvernorat d'Alep. Il connaît donc intimement les rouages de l'administration locale, mais aussi l'ampleur de la corruption dont bénéficiaient les services de sécurité et leurs protégés.

Nahnah a fière allure et il aime aller droit au but. Comme Azzouz, il ne se sépare jamais de son ordinateur portable, qu'il consulte sur chaque sujet. Son bureau est aussi accessible que celui du maire et les administrés ne se gênent pas pour venir y camper. Chaque fois que possible, Nahnah essaie de renvoyer vers la direction concernée. Sinon, il se saisit de l'affaire et ne la lâche plus. Au-dessus de sa table de travail, un cadre, désormais vide, renfermait la photo du dictateur.

Il est exclu d'y faire figurer le portrait d'un autre dirigeant. Pourtant Ahmed Assi Jarba a été élu, le 6 juillet 2013 à Istanbul, à la présidence de la Coalition révolutionnaire, succédant à Georges Sabra, qui lui-même assurait l'intérim de Moaz al-Khatib. Mais Jarba comme ses prédécesseurs n'est, vu d'Alep, que l'émanation d'un consensus collectif, et non un chef à qui prêter allégeance. Quant à Nahnah, il n'a rien d'un préfet, puisqu'il tient sa légitimité de gouverneur des conseils municipaux qui structurent sa province.

Le secrétaire général du gouvernorat ne mâche pas ses mots sur ce sujet. « Nous voulons un État fondé sur des institutions (*mu'assassât*), et non sur des personnes, quel que soit le mérite de celles-ci. » Il se plaint de ses difficultés à préparer le prochain pèlerinage à La Mecque, le hajj d'octobre 2013. « La Coalition privilégie les cas individuels et les interventions, nous entendons respecter des procédures. »

Ces frictions entre la direction extérieure et les administrations intérieures perdureront tant qu'un gouvernement provisoire ne sera pas établi sur le territoire syrien libéré. Une telle décision ne relève pas que de la volonté politique, mais aussi du rapport de forces militaires : une défense antiaérienne conséquente doit en effet pouvoir protéger cet embryon d'État syrien libre. Pour l'heure, les technocrates d'Alep, s'ils trouvent le temps et l'énergie de travailler à la bonne tenue du pèlerinage à La Mecque, ont réussi à échapper quelque peu à la dictature de l'urgence.

La Syrie demeure pourtant plongée dans la guerre. On ne mesure pas assez la chance incroyable qu'offre l'émergence de ces instances locales d'administration et de gestion dans un pays que la terreur du régime condamnerait à l'anarchie et au chaos. L'autre développement capital est la dévolution des prérogatives de gestion locale par l'insurrection armée à des entités civiles.

Rien n'était joué à cet égard à l'été 2012. La brigade Tawhid était tentée d'accaparer le plus grand nombre de pouvoirs. Quant aux salafistes d'Ahrar al-Cham ou aux jihadistes du front Nusra, ils voyaient dans la distribution d'aide (et la délivrance d'une forme de «justice») la possibilité d'enraciner leurs réseaux. L'assistance ponctuelle demeure un instrument d'influence. Mais les groupes armés ont compris leur incapacité à répondre aux attentes de la population (à l'exception des affidés d'Al-Qaida, sur lesquels nous reviendrons dans un chapitre suivant).

Cette évolution, favorable aux technocrates révolutionnaires, les place cependant face à un double défi : celui de la gestion de la pénurie, sans retomber dans les ornières de la dépendance, d'une part ; celui de l'action administrative sans force de police pour appliquer les décisions, d'autre part. Cela nous ramène à la problématique de la *Hay'a Char'iyya*, envers laquelle le maire avoue son impuissance : « Je ne peux pas la forcer à m'assister, encore moins à m'obéir. »

Une atmosphère affairée règne dans les locaux du gouvernorat ou de la municipalité. Un bureau des réclamations figure en bonne place pour recueillir d'éventuelles plaintes. Les décisions sont placardées, mises en ligne, les organigrammes sont publics, les appels d'offres sont disponibles, tout comme les tableaux d'honneur ou les grilles de salaires. Azzouz et Nahnah livrent d'ailleurs leur identité authentique, qui figure sur leur carte de visite, avec leur contact Skype et leur adresse électronique.

Dans les dispensaires d'Alep, ce type de transparence reste inconcevable. La dictature Assad a en effet systématisé la liquidation du personnel médical accusé d'assister les « terroristes ». Et une clinique repérée ne tarde pas à être bombardée. C'est ainsi que l'hôpital Shifa, clairement identifié dans le quartier de Chaar, a été la cible de plusieurs frappes gouvernementales. Le 21 novembre 2012, un raid aérien particulièrement sanglant a détruit Shifa pour de bon. L'hypothèse d'un dégât « collatéral » est exclue, puisque les combats les plus proches se déroulaient à 5 kilomètres de là.

Les centres de soins sont désormais désignés par un chiffre accolé à la lettre M (*Mustashfâ*, la traduction arabe d'hôpital). On se rend donc au M3 ou au M7, sans plus de précision pour l'ambulancier. Les communications sur talkie-walkie, facilement interceptables, ne sont pas plus explicites. Et comme à la mairie ou au gouvernorat, le dépôt des armes est obligatoire à la réception des centres de soins. Moyennant reçu, cela va de soi.

Ces cliniques sont gérées par le Conseil médical de la ville d'Alep, désigné sous son acronyme anglais d'ACMC (Aleppo City Medical Council). Une trentaine de médecins ont constitué ce conseil en octobre 2012 et leur réseau s'est étendu jusqu'à inclure une quinzaine de centres. Le traitement des blessures de guerre est par principe gratuit. Et les opérations sont assurées à un coût cinq à dix fois moindre qu'en zone gouvernementale (3 000 livres syriennes par exemple pour un accouchement, soit une douzaine d'euros).

Chacun de ces « M » est, depuis la première attaque au gaz sarin, en avril 2013, flanqué d'une tente de secours d'urgence, avec vestiaire, douches, et espace de désinfection en cas d'exposition aux armes chimiques. L'ACMC ne dispose cependant, pour tout Alep, que de seize masques protecteurs et de dix mille ampoules d'atropine, le traitement antisarin. C'est dire la vulnérabilité de la population si jamais Bachar al-Assad venait à utiliser massivement ses armes non conventionnelles.

La mairie et le gouvernorat disposent aussi de leurs services médicaux, ainsi que d'une direction de la « défense civile », dépêchée sur les sites des bombardements. Deux infirmiers municipaux viennent de périr dans un accident de la circulation, au retour d'une intervention dans le secteur de la prison centrale. Leurs photographies de « martyrs du devoir » sont placardées sur les murs de la municipalité.

L'éducation demeure terriblement menacée. On ne compte plus les écoles bombardées, aussi les enseignants dévoués ont-ils le plus grand mal à convaincre les parents de renvoyer leurs enfants en cours. L'essentiel est d'éviter une déscolarisation prolongée. Alors tant pis si les classes sont bondées, avec même deux élèves par chaise. Et tant pis si les manuels sont, de la maternelle jusqu'au lycée, toujours ceux de la dictature. Les pages glorifiant les Assad en ont juste été déchirées.

Environ sept cents centres éducatifs opèrent aujourd'hui dans Alep « libérée ». Seule une minorité d'entre eux sont installés dans des écoles gouvernementales. Des enseignants professionnels, épaulés par des étudiants et des volontaires, s'efforcent d'y assurer un programme fondamental et diversifié. Ce n'est pas forcément le cas dans les écoles de fortune, hébergées, pour des raisons de sécurité et de commodité, dans des habitations privées ou des mosquées. L'accent y est alors mis sur l'apprentissage du Coran et les matières religieuses.

Malgré ces immenses difficultés, les enseignants révolutionnaires parviennent, durant l'été 2013, à organiser les épreuves du baccalauréat dans vingt-neuf centres d'examen répartis sur l'ensemble de la province d'Alep (il y a vingt-sept centres dans le reste de la Syrie « libérée » et vingt-huit pour la population réfugiée à l'étranger). Le responsable de cette opération à Alep, Abdallah Cheikho, commente sobrement : « Notre arme, c'est le crayon et la feuille de papier. »

Les fonctionnaires des zones « libérées » continuent à toucher leur (maigre) salaire du gouvernement. Ils ont même bénéficié de la hausse substantielle des traitements, décrétée par le despote au tout début de l'été (c'est la deuxième hausse octroyée par Bachar al-Assad, la précédente ayant suivi de peu le déclenchement de la révolution en mars 2011). Mais c'est clandestinement qu'ils doivent travailler dans les écoles ou les hôpitaux « libérés » : ce n'est pas seulement le versement de leur salaire qui en dépend, mais l'intégrité physique de leurs familles et d'eux-mêmes.

L'ACMC coopère sur une base quotidienne avec les administrations locales, tandis que les comités de quartier sont en relation permanente avec l'échelon municipal et provincial. Les besoins sont tellement immenses qu'une rivalité mesquine n'est pas de mise. Personne ne m'a mentionné un cas de compétition pour attirer la générosité d'une ONG étrangère, là où les katibas se disputent avec âpreté les faveurs des mécènes du Golfe.

C'est ce maillage citoyen, alliant technocratie et militantisme, qui tient effectivement les zones « libérées » d'Alep. L'observateur superficiel en restera au folklore milicien des barrages dépenaillés. Mais il n'appréhendera que la surface d'une guerre toujours en cours. L'essentiel se joue, et continuera de se jouer, dans les profondeurs de la société syrienne. L'apprentissage d'une gestion transparente et professionnelle est à bien des égards irréversible.

Abou Jaafar, le commandant de Tawhid, rencontré au chapitre précédent, reproduit dans son palais ottoman le paternalisme et l'arbitraire d'un caïd ou d'un zaïm, d'un chef traditionnel de la société arabe. Cet archétype du leader, parfois juste, toujours incontestable, a été rodé durant des siècles d'histoire. Et j'ai vu en Syrie des notables baasistes, civils ou militaires, se comporter avec la même gestuelle, la même conscience de leur puissance.

Rien de tout cela dans les bureaux du maire ou du gouverneur d'Alep « libérée ». Le citoyen a des droits, il ne vient pas quémander une indulgence. Il peut être pressant et exigeant, mais la voix ne s'élève pas dans des querelles ritualisées. C'est la procédure qui tranche, et non le bon vouloir. L'assistance est prise à témoin de l'équanimité de l'administrateur plutôt que de sa complaisance.

Sur les lignes de front d'Alep, la kalachnikov dicte toujours sa loi, ne serait-ce que pour défendre les territoires « libres ». Mais c'est l'ordinateur du manager qui définira l'avenir de la Syrie, bien plus que les armes des insurgés. Les katibas l'ont bien compris en transférant à ces administrations embryonnaires la charge de la gestion civile. Il n'en est que plus regrettable que les bailleurs de fonds restent prisonniers de leurs schémas dépassés.

Une mosquée de la vieille ville est ceinte d'un graffiti mélancolique : « Quand la bataille se termine et que les martyrs reposent pour l'éternité, sortent alors les lâches pour nous conter leurs faits d'armes. » Peut-être Alep fera-t-elle mentir la fatalité éprouvée de ces résistants de la vingt-cinquième heure. Peut-être les managers de la révolution finiront-ils par s'imposer à Alep. En tout cas, ces discrets administrateurs risquent déjà leur vie en vue d'un tel accomplissement.

L'épouvantail jihadiste

« Même un Mexicain, je te dis que j'ai rencontré un Mexicain.

– Comment peux-tu être sûr que c'était un Mexicain ?

– Espèce d'âne, parce que je lui ai demandé, et il me l'a dit.

– Et où l'as-tu vu ton Mexicain ?

– Là-bas, sur la ligne de front, avec les "Irakiens".

– Un Mexicain chez Al-Qaida, bon Dieu, qu'est-ce qu'on va kiffer ! »

L'engagement de jihadistes étrangers à Alep alimente les rumeurs les plus folles au sein d'une population qui les considère spontanément comme des extraterrestres. Le Mexique n'est jamais que la version imagée de la planète Mars. Quant aux « Irakiens », ce sont des vétérans de la guérilla menée dans le pays voisin, de 2003 à 2010, contre les troupes américaines. Certains de ces vétérans sont de nationalité syrienne, mais les qualifier d'« Irakiens » équivaut à les exclure de la communauté de destin d'Alep.

Il est certain que les jihadistes, longtemps discrets, ne

se cachent plus à Alep. Ils affichent dans les rues leur différence vestimentaire, leur allure martiale et leurs cartouchières débordantes. Ils contribuent même, avec un résultat mitigé, à réguler la circulation. Leurs slogans s'étalent sur bien des murs de la ville. La cage d'escalier de mon pied-à-terre proclame son allégeance au front Nusra, la principale formation jihadiste. Par chance, lorsque le sage montre la lune, l'imbécile regarde le doigt.

Les dix premiers mois de la révolution syrienne se déroulent sans la moindre présence jihadiste, même après que les manifestations pacifiques ont cédé le pas aux opérations de l'Armée syrienne libre (ASL). Ce n'est qu'en janvier 2012 qu'est établi le front Nusra, littéralement le « front du Soutien (Nusra) au peuple du Levant ». La structure du groupe est totalement opaque, ses représentants n'apparaissent que cagoulés et il n'est pas certain que son chef proclamé existe physiquement.

Le nom de guerre de ce chef supposé, Abou Mohammed al-Joulani, évoque en tout cas le Golan (Joulan), occupé par Israël depuis 1967 (les islamistes syriens, et *a fortiori* les jihadistes, sont persuadés que cette occupation est le fruit d'un arrangement occulte entre Israël et la dictature « infidèle » des Assad). La branche médiatique de Nusra, « Al-Manara al-Bayda », fait référence au « Minaret blanc » de la mosquée des Omeyyades de Damas.

C'est Nusra qui introduit en Syrie les attentats-suicides, jusqu'alors inconnus. Le front revendique des attaques particulièrement meurtrières, condamnées par la direction civile de la révolution syrienne comme par l'état-major de l'ASL. Les comités locaux dénoncent une manipulation de la dictature pour discréditer la coalition contestataire.

Et même Abou Bassir al-Tartoussi, référence syrienne du radicalisme sunnite, accuse Nusra de « servir directement le tyran et son régime ».

Il paraît avéré que le noyau fondateur de Nusra a longtemps collaboré avec les renseignements militaires, à l'époque où le régime Assad appuyait la guérilla antiaméricaine en Irak. Ce soutien de Damas aux insurgés sunnites a fléchi, moins du fait des pressions de Washington que dans le cadre de l'alliance syro-iranienne, désormais engagée aux côtés du nouvel homme fort de Bagdad, le Premier ministre (chiite) Nouri al-Maliki.

Le retrait des États-Unis hors d'Irak et la consolidation du pouvoir de Maliki ont réduit les vétérans de la rébellion irakienne à une forme de chômage technique. Ils sont restés ostensiblement neutres durant la première année de la révolution syrienne, avant de jeter dans cette bataille leur expérience en matière de guérilla urbaine. Leur choix d'un terrorisme à fort impact médiatique vise à les imposer dans le paysage syrien, avant même d'exister sur le terrain.

Ce pari est couronné de succès du fait de la combinaison de plusieurs facteurs : la propagande du régime Assad martèle depuis le début de la crise que la dictature fait face, non pas à un soulèvement populaire, mais à une offensive « jihadiste » et « terroriste » ; l'émergence de Nusra apporte la confirmation, certes tardive, de cette prophétie autoréalisatrice ; la Russie et l'Iran relaient avec énergie une telle thèse, qui trouve aussi un écho favorable dans tous les milieux occidentaux échaudés par l'expérience libyenne ; les militaires américains, qui n'oublient rien de ce que les « vétérans » d'Irak leur ont infligé, entretiennent un tel climat.

C'est ainsi que Nusra, originellement un groupuscule, en vient vite à occuper une place de choix sur la scène syrienne. Les massacres qui frappent la population sunnite en mai-juin 2012, sans aucune réaction des observateurs de l'ONU, pourtant déployés en Syrie, affaiblissent gravement le camp révolutionnaire. Nusra martèle en revanche un discours simpliste sur le « complot » associant les « hérétiques » de l'islam, en Syrie et en Iran, à leurs « alliés » d'Israël et d'Occident, sous couvert de l'ONU.

La direction de l'ASL refuse toute collaboration avec Nusra. Mais les commandants locaux sont d'autant moins regardants qu'ils manquent de matériel lourd et de combattants expérimentés. C'est ainsi qu'Abdelkader Saleh, l'artisan de la constitution de la brigade Tawhid, veille à associer à l'offensive de juillet 2012 sur Alep des unités de Nusra. Cette intégration opérationnelle des jihadistes limite à ce stade leur capacité de nuisance.

Le 3 octobre 2012, Nusra revendique un triple attentat-suicide sur la place Saadallah al-Jabiri, au cœur du secteur gouvernemental. Une cinquantaine de personnes périssent dans ce carnage qui vise, outre le club des officiers, un hôtel et un café très fréquentés. La population syrienne, même en zone « libérée », est horrifiée par ces images de terreur urbaine, qui rappellent les pires heures du conflit irakien. Nusra persiste et signe les jours suivants, mais avec des attentats visant cette fois des cibles clairement militaires.

La communauté américaine du renseignement accumule les preuves de collusion entre Nusra et la branche irakienne d'Al-Qaida, connue sous le nom d'« État islamique d'Irak ». Washington décide sur cette base, le 11 décembre 2012, d'inscrire Nusra sur la liste noire des organisations terroristes. Dans les zones « libérées » de Syrie, Nusra est loin d'être populaire, mais le diktat de Washington, en pleine vague de bombardements gouvernementaux, provoque des manifestations de protestation, le vendredi suivant.

Le slogan de ces cortèges du 14 décembre 2012 – « Il n'y a pas de terrorisme en Syrie » – mérite que l'on s'y attarde. Le message central des protestataires est le refus d'être associés à la terreur de Bachar al-Assad, mais aussi aux attentats jihadistes, tous deux rejetés comme étant étrangers à la Syrie en lutte pour sa libération. La stigmatisation américaine accroît en retour le prestige combattant de Nusra, qui profite du ralliement de plusieurs katibas de l'ASL.

L'hiver 2012-2013 est terrible à Alep. La passivité occidentale ouvre un boulevard aux parrains du Golfe, eux-mêmes en rivalité constante. Comme le Qatar encourage les salafistes d'Ahrar al-Cham (les Hommes libres du Levant), l'Arabie soutient de manière indirecte les jihadistes de Nusra. La rhétorique antichiite de Joulani et de ses partisans est en effet très en cour à Riyad.

En avril 2013, Abou Bakr al-Baghdadi, le chef de la branche irakienne d'Al-Qaida, que l'on dit désormais installé dans le nord-est de la Syrie, annonce l'absorption de Nusra dans un « État islamique d'Irak et du Levant » (EIIL). La presse internationale relaie immédiatement l'information, en agitant l'épouvantail d'une entité jihadiste à cheval entre la Syrie et l'Irak. C'est pourtant tout le contraire qui se déroule, avec l'éclatement de la famille jihadiste en deux blocs irréconciliables en Syrie.

Le front Nusra rejette en effet l'OPA de la branche

irakienne d'Al-Qaida. Joulani doit cependant habiller sa détermination à conserver son indépendance du formalisme qui sied à tout responsable jihadiste : lors de la mort d'Oussama Ben Laden, en mai 2011, la branche irakienne d'Al-Qaida a refusé de prêter allégeance à son successeur égyptien, Ayman Zawahiri ; Joulani décide donc de prêter serment à Zawahiri, afin de dissuader Baghdadi de pousser plus avant ses manœuvres d'amalgame.

Récapitulons ces intrigues jihadistes : Nusra devient officiellement en avril 2013 la branche syrienne d'Al-Qaida, ce que condamnent les directions civile et militaire de la révolution ; mais l'EIIL est, malgré son changement de sigle, ramené à sa dimension « irakienne » (le terme de *Dawlé*, soit « État », est indifféremment utilisé à Alep avec le qualificatif « irakien » pour désigner l'EIIL).

Les organisations qui se réclament d'Al-Qaida en Irak et en Syrie se retrouvent dans une hostilité assez comparable à celle qui divisait les branches syrienne et irakienne du Baas, du temps de Hafez al-Assad et de Saddam Hussein. La doctrine commune aux deux Baas, loin de favoriser leur entente, aggravait leurs différends, car chacun des deux partis prétendait être le seul légitime et orthodoxe. Zawahiri, exilé dans son sanctuaire pakistanais, n'arrive pas plus à réconcilier Nusra et l'EIIL que les pères fondateurs du Baas n'avaient pu, quarante ans plus tôt, apaiser les frères ennemis de Damas et de Bagdad.

Ces tensions inter-jihadistes amènent Nusra à approfondir son caractère « syrien » et à rechercher les occasions de collaboration avec les autres groupes de la guérilla. L'EIIL accentue en revanche son exclusive à l'encontre des formations « déviantes ». Elle intensifie aussi ses opérations de recrutement en direction des « volontaires » étrangers. C'est sur Al-Furqan, la branche médiatique de l'EIIL, que deux jeunes Toulousains proclament, le 9 juillet 2013, leur ralliement au « jihad » en Syrie.

Je me trouvais à Alep au moment de la diffusion de cet enregistrement et, malgré ma nationalité française, pas un de mes interlocuteurs ne l'a évoqué. Je n'ai moi-même découvert l'existence de cette vidéo, sous-titrée en anglais (et non en arabe), qu'à mon retour en France. J'y vois une opération de propagande de l'EIIL, dans la pure tradition d'Al-Qaida, mais à destination de l'Europe plutôt que du monde arabe. Ce « coup de com' » vise à grandir l'aura du groupe jihadiste en misant sur l'écho recueilli dans les médias occidentaux. Une fois de plus, cet effet miroir fonctionne parfaitement.

De tels jeux de rôle n'ont en revanche aucun impact sur la situation en Syrie même. Nous avons vu, lors de la (petite) bataille de Salaheddine, que les insurgés n'ont nul besoin de combattants, mais qu'ils manquent cruellement de puissance de feu. Ce jour-là, j'ai repéré un véhicule du *Dawlé* qui montait vers le front. Je ne sais s'ils en ont été repoussés par les autres guérilleros, ou s'ils ont préféré ne pas s'attarder, mais j'ai vu les arrogants jihadistes rebrousser chemin sans avoir tiré une cartouche.

Pour des raisons évidentes de sécurité, je n'ai pas recherché le contact direct avec Nosra ou l'EIIL. Je ne peux donc pas me prononcer sur le dossier très controversé des jihadistes étrangers. Les sources américaines les plus fiables livrent une fourchette de deux mille cinq cents à sept mille « volontaires » ayant séjourné en Syrie. Il ne s'agit donc pas du nombre de combattants étrangers à un instant donné, et une partie non négligeable d'entre eux n'a pas rejoint les groupes jihadistes. Les « volontaires » ne représentent en tout état de cause qu'une part infime, de l'ordre de quelques pour cent, de la force insurgée.

Le ministre français de l'Intérieur évoque en mai 2013 le chiffre de quelque cent vingt compatriotes, dont cinquante en Syrie, quarante en « transit », enfin trente revenus au pays et placés « sous haute surveillance ». Une étude menée le mois suivant par dépouillement des nécrologies de deux cent quatre-vingts « martyrs » étrangers en Syrie révèle que seul un tiers d'entre eux sont revendiqués par les groupes jihadistes. La Libye, la Tunisie et l'Arabie saoudite sont les pays d'origine de plus de la moitié de ces « martyrs », l'Égypte, la Jordanie et le Liban apparaissant ensuite. L'écrasante majorité de ces militants provient donc du monde arabe. La France, les États-Unis et la Grande-Bretagne n'ont chacun qu'un seul « martyr » dans ce sinistre palmarès. Cinquante-quatre sur deux cent quatre-vingts de ces « volontaires » sont tombés à Alep et dans sa province, lieu privilégié d'entrée par la Turquie sur le front syrien.

J'ai pu mesurer en Tunisie la sensibilité du thème des « volontaires » en Syrie. Les chiffres les plus fantaisistes, évoquant trois mille jihadistes tunisiens engagés sur place, circulent (l'estimation cumulée de huit cents militants, déjà considérable, semble plus raisonnable). On affirme aussi que des centaines de Tunisiennes sont envoyées en Syrie pour des mariages de convenance avec des combattants anti-Assad. Un tel jihad du « nikah » suscite moult fantasmes, car le « nikah » signifie le mariage, mais aussi l'accouplement.

De là à imaginer des « femmes de réconfort » pour le

jihad en Syrie il n'y a qu'un pas, que beaucoup ont franchi. J'entends à Alep un habitant me décrire la campagne qu'aurait menée un cheikh jihadiste pour dénicher cent épouses à sa katiba du front d'Idlib. Mais son voisin le traite de crédule relais de la propagande d'Assad. « Cent femmes ? Et pourquoi pas mille ? Tu gobes vraiment tout ce qui passe ! »

Je me vois d'autant moins dialoguer avec les jihadistes que j'ai dénoncé avec force, et dans le monde arabe, leur plus récent crime à Alep. Le 8 juin 2013, Mohammed Qataa, un vendeur ambulant de café, âgé de quinze ans, est enlevé dans le quartier de Chaar par trois combattants à l'accent étranger. Son seul crime est d'avoir répondu à un client impécunieux : « Même si le prophète Mohammed descend du ciel, je ne t'offrirai pas mon café gratuitement. »

Les jihadistes accusent l'adolescent de blasphème. Après l'avoir fouetté, ils l'assassinent de deux balles à bout portant, en pleine rue, devant ses parents. Le crime suscite une tempête de condamnations. Une manifestation se rassemble à Alep pour exiger le châtiment des meurtriers et la chaîne panarabe Al-Jazira se fait le relais de cette colère populaire. Ni Nusra ni le *Dawlé* n'endossent la responsabilité de l'assassinat, dont les coupables courent toujours. C'est d'autant plus accablant que le QG alépin de l'EIIL se trouve à deux pas du siège de la *Hay'a Char'iyya*.

Au moment même où je m'infiltre en Syrie, la population de la bourgade de Dana, à une cinquantaine de kilomètres à l'est d'Alep, s'est littéralement soulevée contre les diktats de l'EIIL. Les jihadistes « irakiens » ont en effet multiplié les actions « missionnaires », en clair l'imposition par la violence de leur vision totalitaire de l'ordre « islamique ». Les paysans de Dana, furieux que l'on veuille leur apprendre ce que doit être la religion, ont manifesté contre le *Dawlé*, avant d'appeler à l'aide l'ASL. Les accrochages entre jihadistes et révolutionnaires ont été très violents. Deux cadres de la guérilla, tombés aux mains de l'EIIL, ont été décapités. Leurs têtes sont abandonnées dans une décharge publique.

Je suis donc bien décidé à ne pas croiser un seul jihadiste à Alep, quand le hasard me fait rencontrer une toute jeune recrue de la branche irakienne d'Al-Qaida. Omar combattait encore le mois dernier aux côtés de ses camarades de Salaheddine. Il a d'ailleurs perdu deux doigts de sa main gauche dans les affrontements. Mais Omar, du haut de ses vingt-deux ans, vient de rallier le *Dawlé*, l'« État islamique d'Irak et du Levant ».

Longs cheveux noirs flottant sur sa tenue sombre, Omar a des allures de Cat Stevens au tout début de sa carrière. Il frotte sans cesse sa gencive avec un miswak, ce bâton d'arak vanté par le prophète de l'islam. Les jihadistes mettent un point d'honneur à ne plus se brosser les dents et à recourir au miswak, en hommage supposé à la figure de Mohammed.

Je surprends Omar seul avec une demoiselle, à l'évidence impressionnée par son engagement jihadiste. Les deux effrontés défient de leurs convictions le père de la belle, pour qui tous ces emballements rigoristes dénaturent le message même de l'islam. J'imagine que, si les amis jihadistes d'Omar étaient au pouvoir, ils lui infligeraient une sanction exemplaire pour s'être ainsi aventuré dans le salon d'une jeune célibataire.

Je préfère interroger Omar sur les raisons de son passage à Al-Qaida. Mais j'ai beau multiplier les angles d'approche, je reste sur ma faim. Osons le mot, Omar est un écervelé. Il ânonne des phrases toutes faites pour mieux se complaire dans sa supériorité jihadiste. Il n'était qu'un combattant de Salaheddine, il a désormais intégré l'élite et l'avant-garde. Et cela suffit à son bonheur.

Omar nie tout différend entre Nusra et l'EIIL. Il affirme même que le *Dawlé* a prêté allégeance à Zawahiri, un mensonge absolu qui a l'air de le rassurer. Ses potes de Salaheddine l'accusent de vouloir les ramener « cinq mille ans en arrière », un reproche sans nul doute excessif, même d'un point de vue salafiste. Ils menacent de le livrer à une milice concurrente, avant de s'esclaffer, car la solidarité de quartier prime sur les désaccords politiques.

Un papy contemple la scène avec philosophie. À ses yeux, la cause est entendue. Omar a choisi la *houriyya* plutôt que la *hourriya* : en clair la houri, promise au paradis des purs, en lieu et place de la liberté. Je crois pour ma part que la vocation jihadiste d'Omar est bien ténue et qu'elle ne résistera pas au premier choc. Mais je garde ces réflexions pour moi.

À défaut de rencontrer les « volontaires » étrangers, on peut repérer leurs traces sous forme de… fautes d'orthographe. Alep a en effet vu proliférer récemment les slogans hostiles à la franc-maçonnerie, qui était loin d'être jusqu'alors la préoccupation prioritaire de la population. On m'affirme que ces graffitis sont le fruit de l'obsession antimaçonne d'un converti anglais. De fait, le pont de Jisr al-Hajj proclame « la fin du massonerie », avec une magistrale erreur d'accord. Au moins les extrémistes syriens sont-ils censés maîtriser la grammaire arabe.

En route pour Salaheddine, notre véhicule passe devant

un restaurant où se pavanent trois jihadistes en tenue « afghane » d'apparat. L'un d'eux a la peau très sombre.

« Tu as vu, un Soudanais !

– Mais comment peux-tu savoir s'il est soudanais ?

– Regarde son teint, c'est un Africain comme au Soudan.

– D'accord, mais je t'en prie, ne t'attarde pas, on va avoir l'air louche.

– Bon Dieu, qu'est-ce qu'on va kiffer ! »

L’obsession médiatique

« L’état-major de la brigade Tawhid est furieux de la dernière visite de journalistes que j’ai autorisée dans mon secteur. Cette équipe d’une télévision arabe n’a en effet pas utilisé le logo de la brigade dans son reportage. Ils m’accusent d’avoir laissé filmer des combats spectaculaires, sans que l’on puisse attribuer cette offensive à notre unité. Quelle histoire, vraiment quelle histoire ! »

Abou Jaafar rit jaune de toutes ses canines de seigneur de la guerre. Il n’a pas pris les armes pour gérer les problèmes d’image ou d’ego de ses supérieurs. Mais il contrôle une zone de la vieille ville d’Alep à fort impact médiatique. Et il doit se plier, bon gré mal gré, aux exigences du « front » de la presse.

Chaque katiba dispose aujourd’hui d’un officier de presse, généralement un jeune militant de la résistance civile, choisi pour ses compétences même limitées en matière informatique. Cet « officier », formé sur le tas, anime lui-même un « centre médias ». Le mot-clé de ce processus est en effet « médias » (*a'lâm*), décliné sous tous les registres du substantif ou du qualificatif.

Les composantes de la guérilla ont tendance à accorder avec parcimonie les autorisations d'accès à leur secteur. L'impératif de garantie d'un « secret-défense » aux contours flous est martelé avec aplomb. Mais c'est surtout une mésaventure du type de celle survenue à Abou Jaafar, une « opération de com' » non créditée, qui est redoutée. L'accompagnement de l'« officier de presse » est obligatoire, ouvrant la voie à des tentations de censure directe ou indirecte.

La communication des unités militaires est avant tout orientée par la recherche de mécènes, dans le Golfe comme dans la diaspora. Il est dès lors crucial d'affirmer la « marque », de pratiquer le *branding* milicien par l'affichage du logo, de célébrer l'accomplissement particulier plutôt que la dynamique collective. Il s'agit donc moins de saluer les avancées de la révolution que de mettre en valeur les performances d'une katiba ou d'une brigade bien précises.

La surenchère des groupes jihadistes est à cet égard particulièrement pernicieuse. La mouvance Al-Qaida accorde depuis longtemps une importance majeure au « jihad médiatique ». Le front Nusra et l'EIIL peuvent s'appuyer chacun sur leur propre département de propagande, mélange de société de production et d'agence de presse multimédia (Al-Manara al-Bayda pour Nusra et Al-Furqan pour l'EIIL).

Le peuple disparaît hors-champ dans ces vidéos jihadistes à l'esthétique ritualisée. Seul existe en gros plan le valeureux combattant de l'islam qui, sur fond de mélopées religieuses, se lance à l'assaut des positions « infidèles ». Il perd parfois la vie pour mieux terrasser l'ennemi. Son sacrifice est alors exalté, à la mesure de la terreur qu'il a semée dans les rangs des « mécréants ».

Cette figure du héros martyr est le pendant de celle du chef de guerre, démiurge des affrontements dont il livre le sens. Un leader aussi puissant apparaît rarement à visage découvert, ce qui alimente les rumeurs de manipulation. Les commandants jihadistes se présentent volontiers masqués ou leur visage est flouté, entretenant une fascination malsaine pour cette parole sans bouche.

L'expérience acquise sur le théâtre irakien sert aussi les groupes jihadistes sur le plan médiatique. L'attention portée par la presse arabe et occidentale à leur communication finit par influencer la guérilla nationaliste. Mais les responsables de l'ASL ne craignent pas de se mettre en avant. Les déserteurs, officiers ou hommes du rang, montrent leurs documents d'identité à l'appui de leur ralliement à la révolution.

Les scènes de combat sont livrées sans fard, afin de convaincre les bailleurs de fond du « sérieux » de leurs protégés éventuels. Les détails les plus sanglants peuvent dans cet esprit faire l'objet d'une dramaturgie obscène. Des crimes de guerre sont ainsi filmés à l'état brut et ils alimentent en ligne une véritable prolifération de l'horreur, amplifiée par la publicité que ne manquent pas de leur accorder les sites affiliés au régime Assad.

La passivité internationale face à la tragédie syrienne a progressivement convaincu un nombre croissant de militants que les tentatives de susciter la solidarité, ou au moins l'émotion du monde extérieur, étaient vouées à l'échec.

Plus les dégâts infligés par la machine de guerre de la dictature sont effarants, et moins nombreuses sont les voix qui s'élèvent pour les condamner.

Les Syriens les mieux intentionnés sont profondément meurtris par un tel abandon. Quand ils n'y voient pas le fruit d'un obscur complot, ils réagissent par un sursaut nationaliste du pire aloi. Si rien ne sert de se poser en victime, alors autant susciter l'effroi dans le camp ennemi. En résumé sinistre, mieux vaut faire peur que pitié.

La banalisation des portables encourage cette dérive. Les Syriens se filment en permanence et, en ce cas, nul besoin d'un « officier de presse ». Les scènes les plus choquantes deviennent vite virales. Ce fut le cas à Alep du mitraillage, le 31 juillet 2012, de Zeino Berri et de quatre de ses proches. Berri était le chef du gang de *chabbiha* le plus redouté de la ville. Les images du patriarche, ensanglanté et dénudé, criblé de balles sous les vivats, ont fait le tour du monde. La réputation de la guérilla syrienne en fut durablement ternie à l'étranger.

Personne ne regrette pourtant les Berri dans Alep « libérée ». La demeure du clan a été démolie et ses ruines, en bordure de boulevard, valent avertissement à tous les collaborateurs de la dictature. « Zeino était un trafiquant de drogue, ses partisans violaient, pillaient et torturaient en toute impunité, tranche un révolutionnaire. La brigade Tawhid avait proposé un accord aux Berri. Mais Zeino les a attirés dans une embuscade. Les combattants se sont vengés avant que leurs officiers n'aient pu les empêcher. »

Je sais trop bien ce que signifie une armée dont les cadres ne peuvent interdire à leurs hommes d'exécuter leurs prisonniers. Mais je garde mon opinion pour moi. Car le révolutionnaire poursuit son raisonnement : « La liquidation des Berri a entraîné peu après la reddition à l'ASL des Merdil, un autre clan de *chabbiha.* » Mieux vaudrait-il faire peur que pitié ?

La militarisation de l'information sur Alep est accentuée par les conditions de déroulement des reportages de la presse internationale. L'immersion dans la résistance civile qui fut la mienne n'est pas l'option généralement adoptée, pour des raisons pratiques, liées à la lourdeur du matériel transporté, ou linguistiques. Les équipes étrangères préfèrent être prises en charge par une katiba, qui s'engage à assurer leur protection et leurs déplacements.

Une fois un tel accord passé, il est impossible de changer de portage et de référent. Cela contraint à une stricte dépendance envers l'unité d'accueil, qui insiste pour promouvoir une vision souvent aussi étroite que ses intérêts. Les cas de mise en scène d'affrontements artificiels, à des fins publicitaires, ne sont pas rares. Et l'inflation des coûts de la « protection » alimente la convoitise des groupes concurrents, ce qui contribue globalement à dégrader la sécurité des reporters étrangers, déjà menacés par les forces gouvernementales (la journaliste japonaise Mika Yamamoto a ainsi péri, le 20 août 2012, sous les balles d'une milice loyaliste, dans le quartier de Suleiman al-Halabi).

La dictature Assad est ainsi parvenue à imposer sa grille de lecture, littéralement contre-révolutionnaire. Il est exclu de travailler librement dans les zones gouvernementales, où la propagande d'État dépeint une Syrie assiégée par une internationale terroriste. Dans les zones « libérées », les journalistes prennent des risques considérables pour réaliser des sujets « choc », dont le caractère violent est censé assurer la diffusion. La boucle est bouclée et le public étranger aura bien du mal à ne pas être gagné par la lassitude, voire le dégoût, face à un imbroglio aussi sanglant.

Une source alternative d'information est pourtant largement laissée en friche : c'est celle des reporters-citoyens, ainsi que se présentent les militants révolutionnaires qui s'exposent aux pires dangers pour rendre compte du drame de leur pays. L'engagement politique dont ils ne font pas mystère les rend suspects aux yeux d'organes de presse légitimement attachés à la vérification de tels documents de source indépendante.

Al-Jazira, la chaîne panarabe diffusée depuis le Qatar, a aussi pesé dans la marginalisation de la couverture civile du conflit. Elle est en effet, du fait de l'engagement de Doha contre le régime Assad, le média le plus ouvert à la diffusion de documents bruts en provenance de la Syrie « libérée ». Mais Al-Jazira, à la fois pour des considérations politiques et des préoccupations d'audience, a systématiquement privilégié les enregistrements militaires sur les images de manifestations, d'organisation citoyenne et de résistance civile.

Dans Alep « libérée », les « media centers » tournent néanmoins à plein régime et en permanence. S'asseoir une heure dans un de ces « centres » apprend plus en termes d'informations brutes qu'une journée exposé sur les lignes de front. Les claviers crépitent, allant d'une page Facebook à un compte Twitter, téléchargeant, transférant et dialoguant. Un écriteau sur la porte précise qu'il ne s'agit pas d'un cybercafé, afin de dissuader les dilettantes de la Toile.

La téléphonie mobile ne fonctionne pas sur Alep, où les échanges de proximité et d'urgence sont assurés par talkie-walkie. Les crépitements des récepteurs toujours ouverts participent vite de l'ambiance locale. En revanche, l'accès à Internet est garanti par des dispositifs satellitaires qui permettent un débit parfois plus élevé que sur le réseau local de la Turquie voisine.

Chaque comité révolutionnaire dispose, comme chaque katiba, de son propre « centre de presse », parfaitement intégré dans la dynamique militante. Les différents groupes locaux se débrouillaient par leurs moyens propres pour obtenir le matériel le plus efficace. Ils peuvent désormais compter sur le « département média » de la municipalité d'Alep, qui distribue aux comités reconnus des installations robustes, mais très performantes.

Ayant déserté le front de Salaheddine, dans la soirée du 8 juillet 2013, je peux suivre en semi-direct les évolutions de la bataille depuis un centre de presse situé à plusieurs kilomètres de là. Les différents développements, tir d'obus gouvernemental, incursion insurgée, pertes dans un camp ou un autre, sont en effet retransmis en temps réel.

Skype contribue à entretenir ce sentiment de troublante immédiateté. Les militants ne cessent d'y échanger tuyaux, potins et blagues. Nous verrons que c'est le vecteur privilégié de dialogue entre les deux parties d'Alep, divisées par la ligne de front. Les zones « libérées » offrent l'image étonnante d'une population « branchée » sur le réseau virtuel, où le téléphone portable est souvent réduit à une fonction de capteur et de transmetteur d'images (une mention spéciale doit être réservée aux « mobiles » imperturbablement réglés sur l'appel à la prière, y compris en pleine nuit).

Une chaîne privée « Alep aujourd'hui » (*Halab al-youm*)

émet en secteur révolutionnaire, avec un accès sur Nilesat, le principal bouquet satellitaire, à partir de l'Égypte. Il s'agit souvent de plans fixes de vues de la ville, avec d'émouvantes reprises de documentaires touristiques sur les ateliers de tissage ou les souks historiques. L'essentiel se déroule en bas de l'écran, avec un bandeau en déroulement continu récapitulant les dernières nouvelles locales.

Cela va de l'état du front dans les différents quartiers disputés à l'annonce de manifestations de protestation contre telle ou telle milice, en passant par les déclarations souvent contradictoires des responsables révolutionnaires. L'indépendance de cette chaîne locale est attestée par son écoute attentive dans les magasins populaires, les permanences militaires ou les hôpitaux de campagne. L'humour alépin me prend une fois de plus de court lorsque, en maraude dans la vieille ville, un commerçant feint de soupirer : « J'aime bien "Alep aujourd'hui", mais je préférerais "Alep demain". »

L'AMC (Aleppo Media Center) est la plus importante de ces structures d'information alternative, la seule d'ailleurs à avoir son propre site Internet, et non une simple page Facebook. Elle peut compter sur une centaine de collaborateurs, répartis eux-mêmes dans une vingtaine d'implantations. L'AMC insiste à la fois sur son indépendance politique et sur son engagement révolutionnaire.

Les médias étrangers qui écartent par principe ces sources jugées biaisées, car trop militantes, perçoivent mal la discipline que s'imposent ces reporters-citoyens, y compris pour dénoncer les « dépassements » des groupes armés. On ne compte plus les incidents entre les milices et cette presse qui entend bien défendre farouchement sa liberté.

L'AMC a pour ambition affichée de « professionnaliser le travail d'information », voie la plus sûre pour « atteindre les objectifs de la révolution syrienne ». Le terme clé de cet argumentaire est « institutions », ces mêmes institutions (*mu'assassât*) que nous avons entendues au cœur du discours des gestionnaires du gouvernorat « libéré ».

Le soutien au principe de la lutte armée, jusqu'au renversement de la dictature, ne vaut en aucun cas blanc-seing aux unités combattantes. Les frictions sont donc inévitables entre les reporters-citoyens et les « officiers de presse » des différents groupes armés. Si un différend persiste, le dernier mot revient généralement à la résistance civile, qui joue la carte de la transparence et de la dissémination de l'information.

Gagner les rieurs de son côté peut être également efficace dans une Syrie qui cultive l'ironie populaire. L'AMC met ainsi en ligne les chroniques aigres-douces de « Papa Alep » (*Abou Halab*), sous la signature de qui se cache un jeune éditorialiste acerbe. Dans un billet hilarant, « Papa Alep » s'acharne contre « les marchands de religion » que sont à ses yeux les « islamistes » : « Essayez de réparer l'électricité avant d'accuser les autres d'être des mécréants. »

Cette presse insolente, certains chefs de guerre tentent de l'intimider par une parodie de justice. C'est ainsi qu'Abdallah Mareï, journaliste dans l'hebdomadaire d'Atareb, une bourgade de l'ouest d'Alep, entre en conflit avec Abou Bakr, un commandant local de l'ASL. Le militaire est en effet furieux d'avoir été comparé à « une colombe dans la bataille et un lion envers les pauvres » (le lion se traduit en arabe par *Assad*, ce qui aggrave la charge).

Mareï peut compter sur un large soutien dans sa ville

d'Atareb. Aussi Abou Bakr porte-t-il plainte contre lui devant le tribunal révolutionnaire de Darat Izza, à une vingtaine de kilomètres de là. Cette plainte est jugée recevable et, le 1er juillet 2013, le placement de Mareï en garde à vue suscite un tollé chez les reporters-journalistes. Au lieu de les faire taire, la décision alimente une mise en cause des conditions d'exercice de la justice en zones « libérées ».

Entre le logo de la katiba islamiste et la critique d'un chefaillon en uniforme, la « presse » recouvre donc des notions bien contrastées dans Alep en révolution. Là comme ailleurs, rien n'est joué, même si la dynamique citoyenne joue plutôt en faveur de la professionnalisation des activistes, et donc, à terme, de l'émergence de médias moins virtuels, mais tout aussi indépendants.

Pour l'heure, les reporters-citoyens ferraillent. Et ils jugent de leur devoir de diffuser des annonces officielles, tel ce communiqué du gouvernorat, daté du 18 juillet 2013 : « Les citoyens sont enjoints de ne plus enterrer leurs morts dans les espaces publics. Un bureau de "l'enterrement des morts" est ouvert à leur attention. » Personne n'a besoin à Alep qu'on lui commente une telle annonce.

L'histoire calcinée

Il faut se glisser entre les sacs de sable pour apercevoir la citadelle d'Alep. Ses murailles ocre imposent, là-haut, leur majesté médiévale sous le soleil d'été. La meurtrière moderne a été creusée dans la barricade, afin de protéger des francs-tireurs aux aguets. On se prend à murmurer, on respire tout bas, comme si les tueurs pouvaient aussi nous entendre.

Un an déjà que la forteresse mamelouk tient la cité dans le viseur de ses mitrailleuses et de ses canons. Un an que les convois blindés du régime forcent les lignes révolutionnaires pour alimenter cet imprenable bastion. Un an à marcher la tête basse, à raser les murs. Un an à traverser les «routes du paradis» la peur au ventre.

Et la nuit, c'est encore pire. Il faut tenir sa position dans une stricte obscurité, ne jamais sommeiller, ne surtout pas fumer. Il faut rester attentif au plus petit craquement : l'ennemi, si proche, a non seulement des armes incomparablement plus puissantes, il détient aussi du matériel de vision nocturne.

À maintes reprises, l'Armée syrienne libre (ASL) a repoussé des tentatives d'infiltration et de contournement. Alors, elle a cadenassé les devantures des magasins, jeté des ferrailles éparses en travers des escaliers, assemblé des barrages de fortune dans toutes les failles du dispositif. Cela ne tiendra pas longtemps, mais le bruit donnera l'alerte, on évitera ainsi d'être égorgé dans le noir.

Alors, le matin, les soldats s'écroulent d'épuisement. Tandis que la garde montante assure la relève, eux s'affalent sur une paillasse, à même le trottoir. Les détonations peuvent continuer de rouler, le sommeil est plus fort que tout. Ils gisent immobiles, l'uniforme souillé, les pieds noircis et le sourire béat.

Nous nous trouvons à moins de 200 mètres, au sud-ouest, de l'entrée principale de la citadelle. La medersa Sultaniyé dresse son élégant minaret du XIIIe siècle, juste devant les huit arches monumentales du pont d'accès à la forteresse, construit à la même époque, consolidé encore et encore. Nous sommes en 2013 et, comme au Moyen Âge, le sort d'une ville dépend de celui du château qui la surplombe.

Bachar al-Assad maintient avec la citadelle une plaie ouverte dans le flanc révolutionnaire. Il y fixe l'insurrection, il la neutralise et il l'épuise. Son père Hafez, confronté à bien moindre menace, faisait déjà de cette forteresse la base privilégiée de lancement de ses hélicoptères contre la cité insoumise.

C'était en juillet 1980 et, jeune étudiant en vadrouille vers le Liban, je ne me suis jamais remis de ce premier choc d'Alep. Les Frères musulmans affrontaient chaque jour les services de sécurité. Presque rien ne filtrait à l'extérieur de ce conflit impitoyable. Les blindés de la 3e division et les escadrons de la mort ont mis des mois à liquider la dissidence. Le bilan d'environ deux mille tués semble plausible.

Avec l'inconscience de l'adolescence, j'avais dans mon sac à dos le numéro d'avril du *Monde diplomatique*. Gérard Michaud y décrivait « la société syrienne contre son État ». Je ne savais pas encore que Michaud était le pseudonyme de Michel Seurat, un des arabisants les plus talentueux de sa génération. Michaud/Seurat allait conceptualiser l'« État de barbarie » des Assad.

C'est sans doute pour cela que, en janvier 1986, Michel Seurat est mort à Beyrouth, aux mains du Hezbollah. La milice chiite, qui sévissait sous le voile transparent du Jihad islamique, l'avait enlevé huit mois plus tôt. Elle annonça son « exécution » et mit en scène sa dépouille dans un cercueil ouvert. En fait, ses geôliers l'avaient laissé agoniser, sans lui livrer le traitement qui aurait pu soulager sa maladie.

La citadelle d'Alep était, en 1980, et demeure en 2013, l'illustration tragique d'un régime en guerre contre son propre peuple. En 1980, les insurgés islamistes n'étaient que quelques centaines et leur mode d'action privilégié était alors le terrorisme urbain. Aujourd'hui, c'est une Armée libre qui s'est levée contre les « bandes d'Assad ». Elle oppose son drapeau à celui du tyran, qui s'accroche à son trône, servi par un rapport de forces écrasant en sa faveur.

L'enjeu immédiat est militaire, c'est pour le contrôle d'une ruelle ou d'un pâté de maisons que les deux camps se battent et que le sang coule. Mais, au fond, les révolutionnaires ont déjà tué le despote dans leur cœur en y tuant la peur qu'il inspirait. Sur la chaussée gît la banderole électorale d'un chef de *chabbiha* : Bachar, en récompense de ses basses œuvres, lui avait attribué un siège au Parlement.

Ce député mafieux faisait régner la terreur dans Alep. Il est désormais en cavale et les passants ne songent même plus à essuyer leurs semelles en piétinant sa face.

Les révolutionnaires sont déterminés à sauver « les hommes avant les pierres » (*al-bachar qabla al-hijâr*). L'ampleur des destructions infligées par le régime dans le centre historique d'Alep a pourtant fait frémir les plus blasés. Quant aux habitants de la vieille ville, ils se lamentent car « leur cœur saigne » face à tant de ruines. Et ils endurent en résistant au jour le jour.

La mosquée Roumi, édifiée en 1368, est un des joyaux du quartier des savonneries. Un obus gouvernemental a abattu son minaret et les francs-tireurs ont dissuadé toute entreprise de le réparer. Alors les fidèles ont consciencieusement rassemblé les pierres du monument écroulé. Ils les ont remisées sous le porche de la cour de la mosquée, résolus qu'ils sont à reconstruire le minaret dès que possible.

Nous avons vu que, à Salaheddine et ailleurs, la progression des insurgés s'est accompagnée de pillages plus ou moins organisés. Tous les témoignages concordent sur l'absence de cette vague d'exactions dans la vieille ville. Le commandant en chef de la brigade Tawhid, Abdelkader Saleh, est venu patrouiller en personne pour marteler des instructions catégoriques. Il savait trop l'impact désastreux qu'auraient de tels « dépassements » dans une des zones les plus respectées de Syrie. Une fois de plus, Bachar al-Assad n'a pas de telles préventions.

L'ASL investit la vieille ville, en juillet 2012, par le sud et par l'est. Les forces loyalistes, arc-boutées sur la citadelle, décident de tenir coûte que coûte le périmètre en contrebas, autour de la mosquée des Omeyyades et des souks environnants. Outre les tirs de blindés et de batteries, des hélicoptères lâchent des « barils », ces containers de TNT bourrés de grenaille. Des incendies ravagent les devantures en bois, souvent multiséculaires, des marchés couverts.

L'armée gouvernementale franchit une nouvelle étape en octobre 2012 avec la militarisation de la Grande mosquée, fondée en 715 par le calife Suleiman (frère et successeur du calife Walid, le bâtisseur à Damas de l'autre « mosquée des Omeyyades »). Les pavés de la cour sont déterrés pour fortifier les positions loyalistes. Des snipers s'installent même au sommet du splendide minaret, édifié en 1092 par le sultan Tutush.

Toutes les tentatives de neutraliser le site sacré tournent court. Les partisans de Bachar al-Assad établissent une batterie de mitrailleuses pour couvrir l'accès de la mosquée par le sud. Les rafales grêlent d'impacts les arches du Khan al-Nahassine, le caravansérail des chaudronniers, célébré par des générations de voyageurs. Cette zone des souks a déjà les parois noircies par les ravages des « barils ».

Les forces gouvernementales finissent pourtant par perdre pied. Elles se replient au-delà de l'entrée nord de la mosquée des Omeyyades, à l'abri d'une trouée contrôlée depuis la citadelle. Leurs blindés tirent au moins deux obus incendiaires à l'intérieur du monument, où la salle de prières réservée aux femmes n'est plus que cendres. Et les snipers continuent de viser le moindre signe de mouvement dans l'enceinte de la mosquée.

Les révolutionnaires ont beau tendre des rideaux de fortune, les parois sont criblées de balles. La bibliothèque de la mosquée a disparu dans les flammes, même si une collection de centaines de manuscrits anciens, enfermée dans un sous-sol du monument, a pu être préservée. Quant au « minbar de Noureddine », la chaire d'où le prêche du vendredi était prononcé, sa porte a été dérobée.

Le pire est pourtant à venir : le 24 avril 2013, le minaret de la Grande mosquée s'effondre. La propagande loyaliste n'hésite pas à accuser les « terroristes » du sacrilège. Il est pourtant évident que le minaret s'est écroulé dans la cour, donc au sud, sous l'effet d'un choc infligé depuis le nord du bâtiment. L'AMC a diffusé une photographie convaincante d'une explosion frappant le minaret de plein fouet. Ce serait en fait deux obus de chars qui auraient jeté à bas le monument.

Le tout nouveau « bureau des antiquités » du gouvernorat d'Alep se mobilise pour sauver ce qui peut encore l'être. Sous la protection de la brigade Tawhid, il organise le transfert des manuscrits et le démontage du minbar (un ouvrier est blessé à la main par un sniper au cours de l'opération). Dans la medersa Halawiyé, mitoyenne de la mosquée, un ouvrage en bois précieux de 1245 est jugé intransportable, aussi est-il protégé par l'édification d'un mur de briques.

Je suis bouleversé par mon incursion dans la mosquée dévastée. Mes hôtes insistent pour m'offrir le thé au milieu de ces ruines. Des tirs sporadiques retentissent par intermittence. Et il faut courir d'une colonne à l'autre pour ne pas provoquer les snipers. Provoquer, j'ai bien écrit « provoquer », alors que je suis au cœur d'un des trésors du patrimoine universel.

La Porte d'Antioche (Bab Antakya) ne se trouve qu'à 300 mètres. Mais il faut contourner un des secteurs les plus ravagés des souks pour l'atteindre. J'ai du mal à reconnaître, dans ce labyrinthe de décombres, les khans magnifiques que j'ai si souvent arpentés. Des graffitis mettent en garde contre une « route du paradis » ouverte aux francs-tireurs. Des miroirs réfléchissent la menace tapie là-haut, derrière les meurtrières de la citadelle.

Bab Antakya marque la fin d'un monde : l'extrémité occidentale de la vieille ville est en effet le début d'un no man's land assassin. À l'abri des murailles, la vie a repris ses droits, les boutiques sont ouvertes, les enfants jouent et chantent. Sur la mosquée Qaiqan, dite « des Corbeaux », une inscription hittite remonte sans doute à trois mille cinq cents ans. De l'autre côté des remparts, c'est un silence de mort, rompu de loin en loin par des détonations sourdes.

Les factionnaires de la révolution racontent d'une voix douce les récits abominables de leur quotidien. Le cadavre demeuré vingt jours entre les lignes ennemies et dévoré par les chiens. L'adolescent utilisé comme bouclier humain par les « cochons » d'en face. Le papy abattu sans rime ni raison, toujours par les mêmes « cochons » qui, j'imagine, ruminent des horreurs comparables sur le front adverse.

Le sud de la vieille ville a été relativement épargné. Mais les obus gouvernementaux ont semé la désolation ici et là. Le minaret de la mosquée Kamiliyya a été tranché. Le Khan Jalabi est fracassé et sa cour intérieure est impraticable. Un boutiquier s'est pourtant niché dans sa galerie extérieure et, depuis vingt jours, il propose des vêtements d'enfants aux couleurs criardes.

Le commerce reprend lentement dans le centre historique. Les échoppes sont tenues par les résidents de la zone, les vendeurs ambulants provenant en revanche des quartiers extérieurs. Un vieillard volubile, cambré sur son tabouret, apostrophe les uns et les autres. Il est la mémoire vivante de ce pâté de maisons, il en connaît chaque habitant et il ne se plaint plus. Car, si Dieu le veut, le plus dur est derrière nous.

Durant mon séjour à Alep, la directrice générale de l'Unesco lance un vibrant appel à la protection de la vieille ville. Cette incantation fait suite à l'inscription de la cité historique d'Alep sur la liste des sites en péril du patrimoine mondial (au même titre que les cinq autres sites répertoriés dans cette catégorie en Syrie).

Cette déclaration aurait plus de portée si la Syrie n'était pas représentée à l'Unesco par l'ambassadrice de Bachar al-Assad (déclarée persona non grata par la France, elle jouit toujours de ses privilèges diplomatiques à Paris du fait de son accréditation auprès de l'Unesco). Le même paradoxe veut que ce soit le bureau d'Interpol… à Damas qui ait lancé une alerte sur le vol de mosaïques sur le site d'Apamée. Rappelons que ce site est contrôlé par l'armée gouvernementale qui y a déployé ses blindés.

Les Nations unies, dont la majorité des membres ont reconnu la légitimité de la Coalition révolutionnaire, continuent pourtant de considérer la « Syrie des Assad » comme leur seul interlocuteur. C'est d'ailleurs pourquoi les agences de l'ONU n'interviennent qu'en zone gouvernementale pour ne pas violer la sacro-sainte souveraineté du régime de Damas.

Pendant ce temps, le même supplice infligé à la mosquée des Omeyyades d'Alep l'a été à la mosquée Omari de Deraa ou à la mosquée Khaled Ben Walid de Homs. Le centre historique de Deir Ezzor n'est plus qu'un champ de ruines. Le Krak des Chevaliers, sur lequel flotte le drapeau révolutionnaire, est régulièrement bombardé par l'armée.

Et le site de Palmyre est mis en coupe réglée par les mafias du régime qui en contrôlent, tout comme à Apamée, les fouilles illégales.

Cette pratique de fouilles sauvages, extrêmement lucratives, fait aussi le bonheur de groupes jihadistes. Ils sécurisent alors un secteur, dont ils cèdent l'exploitation à des pillards professionnels. Un tel saccage, avec recours à l'explosif ou aux bulldozers, est en cours sur les sites d'Ebla, à une cinquantaine de kilomètres au sud d'Alep, ou sur le cours inférieur de l'Euphrate, à Mari, Doura Europos ou Qalaat Rahba.

Un tel pillage de type mafieux peut s'aggraver, chez les disciples d'Al-Qaida, de la destruction planifiée de monuments jugés « idolâtres ». Un mausolée soufi de Raqqa a ainsi été démoli. Un sarcophage byzantin a été fracassé à Bara, dans ce massif calcaire du nord-est d'Alep où j'ai arpenté tant de « villes mortes ». Les plus grandes craintes concernent Saint-Siméon, car les combattants jihadistes y campent dans la basilique elle-même.

À Alep, des musulmans fervents me confient qu'ils assurent une veille discrète des sanctuaires soufis, au cas où les jihadistes voudraient les frapper de leur haine sacrilège. Une fois de plus, les révolutionnaires se battent avec les moyens du bord sur trop de fronts à la fois.

Un des artisans du « sauvetage citoyen » des œuvres d'art de la mosquée des Omeyyades me confie avec humilité : « Nous avons fait du moins mal possible, mais c'est loin d'être parfait, car nous ne disposons d'aucune aide extérieure. » Aucune aide, c'est prononcé sans amertume. C'est ainsi, le monde nous a abandonnés. Alors on fait face, le « moins mal possible ».

Check point Charlie

Abou Lotf a le volant agile, la fenêtre ouverte et l'algarade facile. Mais dès qu'il voit un âne (*himâr*), assimilé par les révolutionnaires à la figure détestée de Bachar, il ne peut juste plus se contrôler. Il hurle au conducteur de la carriole :

« Écarte ton Bachar de là !

– Ce n'est pas un âne, c'est un cheval.

– Va donc, c'est un mulet, garde ta droite.

– Allah Akbar !

– Et vive la liberté ! »

Ces échanges en pleine rue sont typiques des zones révolutionnaires d'Alep. On barbouille le prénom du despote sur la chaussée pour avoir le plaisir de le piétiner des dizaines de fois par jour. On s'échange des vidéos de profanation de la figure présidentielle. Les plus populaires mettent en scène des cirages de chaussure sur des bustes de Bachar al-Assad ou de son père Hafez.

Abou Lotf a rencontré à deux reprises ce dictateur qu'il vomit tant aujourd'hui. Il effectuait son service militaire à

Damas dans une unité d'élite. La corruption qu'il a expérimentée de si près l'a dégoûté de la carrière des armes comme du régime baasiste. Dès le début de la révolution, il intègre un comité d'activistes clandestins.

Le jeune contestataire échappe aux rafles et il mesure sa chance de n'avoir jamais été incarcéré, ni torturé. Depuis l'été 2012, il milite à visage découvert, mais sous une identité d'emprunt, dans la résistance civile. À vingt-huit ans, il fait déjà figure de « vétéran » de l'action révolutionnaire, fort de ses deux années d'engagement.

Les parents d'Abou Lotf sont demeurés de l'autre côté de la ligne de front, dans cette partie « non libérée » d'Alep, selon la terminologie insurgée. Il est exclu pour le jeune activiste de s'aventurer en zone gouvernementale, où il se sait repéré et recherché. Il en est réduit à communiquer par Skype avec son père. Comme celui-ci est un peu dur d'oreille, il lui hurle les nouvelles et il lui répète deux ou trois fois ses questions.

Abou Lotf est très discret sur son drame intime : son propre frère, pourtant libre de toute affiliation politique, a été kidnappé par les Renseignements militaires, il y a près d'un an. Personne n'a pu depuis le visiter et, même si ce service suscite moins la terreur que la *Jawiyya* (les renseignements de l'armée de l'air), l'angoisse étreint les proches de la victime. Il s'agirait moins de faire pression sur Abou Lotf que de racketter son père, à qui une rançon conséquente est demandée en contrepartie de la libération de l'innocent. Abou Lotf badine sur Skype avec sa nièce, comme si de rien n'était. Dans le salon voisin, j'avoue avoir du mal à retenir mes larmes.

Tout comme la famille d'Abou Lotf, la ville d'Alep est

désormais divisée en deux. La ligne de démarcation part de Salaheddine et du « front Ouest », elle longe le nord de la vielle ville, avec l'abcès de fixation gouvernemental de la citadelle, et elle suit le « front Est » jusqu'à Cheikh Maqsoud. Le ralliement de ce quartier à majorité kurde, au tout début du printemps 2013, soulage grandement le camp révolutionnaire. L'armée gouvernementale se venge de cette défaite en infligeant à Cheikh Maqsoud un bombardement limité au gaz sarin.

Cette escalade dans l'horreur, de même que le tir de missiles balistiques Scud contre des zones résidentielles, aggrave encore les souffrances des populations concernées. Mais les récits terribles des proches réfugiés en Turquie dissuadent ceux qui seraient tentés par l'exode. Et la fuite vers les campagnes du nord ne protège en rien contre les bombardements. C'est pourquoi les habitants d'Alep « libérée » choisissent largement de rester sur place.

Ce choix par défaut se nourrit à partir d'avril 2013 d'une tendance lourde : la vie quotidienne, longtemps « normalisée » en secteur gouvernemental, ne cesse de s'y dégrader, alors que les conditions de vie s'améliorent lentement, mais sûrement, en zone révolutionnaire. Nous avons vu l'importance de la gestion municipale et provinciale dans ce retournement de tendances au profit d'Alep « libérée ».

Ce basculement voit ainsi, pour la première fois depuis le début du soulèvement anti-Assad, une zone révolutionnaire vivre moins mal que le territoire gouvernemental correspondant. Il est surprenant que ce développement majeur n'ait pas suscité le moindre article dans la presse internationale.

Cette tendance s'accentue de l'absolue priorité accordée

par le régime à une gestion purement militaire de la crise : les zones loyalistes d'Alep sont ainsi ravitaillées par convois blindés et par norias d'hélicoptères, avant tout pour les unités de l'armée déployées sur place (ainsi que pour leurs supplétifs libanais et leurs conseillers iraniens). Les besoins de la population sont, en revanche, une préoccupation secondaire.

Il en résulte un différentiel de prix des produits de base pouvant aller de un à cinq, voire dix, entre Alep-Est « libérée » (*moharrar*) et Alep-Ouest « loyaliste » (*mu'ayyid*). Les responsables révolutionnaires sont dès lors préoccupés par le risque d'un détournement vers les zones gouvernementales des denrées de base, alors même qu'ils s'épuisent à les maintenir à bon marché dans leur secteur. Mais le sujet est très délicat, car pratiquement tous les habitants de « l'Est » ont des parents ou des proches à « l'Ouest ».

Pour les katibas de la ligne de front, la cause est entendue : aucun trafic, même à échelle humaine (à « la valise »), ne peut être toléré. Cette proscription est d'autant plus rigoureuse que la *Hay'a Char'iyya*, parfois moins regardante, sévit sans merci contre les trafiquants, convaincue que les échanges de biens s'accompagnent toujours de livraisons d'informations.

Le quartier de Bab Nasr, au nord du centre historique, a des allures de ville fantôme. La population l'a déserté, du fait des combats toujours sporadiques. Et les boutiques, quand elles ne sont pas détruites, gardent le rideau fermé. Comme l'humour demeure malgré tout au bord des lèvres à Alep, une devanture porte à la peinture jaune le début d'un acte de propriété, qui s'achève abruptement par « et zut, mon aérosol s'est vidé » !

La katiba de la Safwa, qui contrôle Bab Nasr, a placardé une « interdiction de transférer des biens et marchandises aux zones non libérées, sous peine de sanction du contrevenant et de son chauffeur ». Il faudrait de toute façon être fou pour tenter le passage en voiture, alors que les francs-tireurs sévissent systématiquement. Une benne à ordures, barrée d'un rageur « voiture de Bachar », couvre juste un des virages d'accès à Bab Nasr, déjà exposés aux snipers gouvernementaux.

L'entrée de la zone de contact est gardée au nom de la Safwa par Abou Bachir, un militaire aussi trapu que tanné. Il opère dans une ancienne laverie, dont seule la télévision, allumée en permanence, a été conservée. Juste en face, un épicier demeure fidèle à une clientèle famélique. Abou Bachir et son frère, lui aussi militaire de carrière, ont tous deux déserté en avril 2012. Ils avaient auparavant transféré leurs familles en Turquie pour éviter de sanglantes représailles à leur encontre.

Abou Bachir me présente Abou Ahmed, « le cheikh des moujahidines de la vieille ville d'Alep ». L'intéressé accepte l'hommage avec un sourire las. En treillis souillé, il porte un fusil d'assaut, avec lunette de précision. Il revendique soixante-cinq ans et il ne livre pas un mot sur sa guerre des ombres avec les snipers d'en face. Je ne nourris pour ma part aucune envie de savoir si le « cheikh » a ou non tué aujourd'hui.

Les seuls civils autorisés à passer sont les derniers résidents du secteur, qu'Abou Bachir connaît un par un. Il consent à m'accompagner non loin, jusqu'à la porte de la Victoire (Bab Nasr) proprement dite. Ce monument, qui donne son nom au quartier, date du règne du fils de

Saladin, il y a plus de huit siècles. Nous passons sous la protection relative d'une toile sombre, mais détendue, déjà grêlée d'impacts de snipers.

C'était le souk des libraires, où j'aimais tant m'attarder lors de mes nombreux séjours à Alep, entre 1996 et 1999. Adjoint de l'ambassadeur de France en Syrie, je mettais un point d'honneur à visiter Alep au moins tous les deux mois. Notre consulat y était actif et la Mission laïque projetait d'y ouvrir une école française. Je marchais des heures durant dans cette ville que j'adore, attentif à repérer, sous le pesant vernis du régime, les craquements d'une société insoumise.

C'est cette placette que j'avais fini par choisir comme indicateur des passions d'Alep. Agréable et vibrante, elle offrait un aperçu privilégié de l'humeur locale, mâtinée de sagesse proverbiale et de saine distance. Un boutiquier chenu, que j'osais interroger sur le culte de la personnalité présidentielle, me répondit mutin : « Je n'ai jamais vu une statue donner ne serait-ce qu'une claque à qui que ce soit. »

Pour des réflexions de ce genre, je venais et je revenais à ce patio dans la ville, face à Bab Nasr, flanqué de la Maktaba Zahabiyya, la « bibliothèque en or », fleuron de la culture ottomane. Aujourd'hui, tout a disparu dans une orgie d'incendies. Un balcon en bois sculpté a miraculeusement échappé au bûcher. Et sur la porte de la Victoire, une katiba se réclame d'Omar al-Mukhtar, le résistant libyen, pendu par le gouverneur fasciste en 1931.

Abou Bachir exclut d'aller plus avant. La toiture du souk couvert, sur la gauche, est constellée d'impacts. À droite, une rue monte vers les demeures anciennes de Jdeidé, le quartier historiquement chrétien. Il est devenu le théâtre de combats fréquents, de même que Bandara, sur la ligne de front, où se situent la synagogue d'Alep et son cimetière juif. C'est un crève-cœur, mais l'injonction d'Abou Bachir est sans appel.

Toutes les zones de contact entre les deux parties d'Alep se déclinent avec la même frustration que Bab Nasr. Il n'existe qu'un passage balisé entre l'ouest et l'est de la ville. Il se situe en bordure de Bustan al-Qasr et il débouche sur le centre de l'Alep moderne, là-bas, de l'autre côté. On l'appelle le passage du Garage (*ma'abar al-Karaj*) du fait des stations d'autobus (*karaj*) qu'il faut y longer à pied. D'ailleurs, les carcasses de deux bus renversés font écran avant de pénétrer dans le passage proprement dit.

Ce Check Point Charlie d'Alep est, comme toutes les émanations de la révolution syrienne, une construction pragmatique. Il n'est le fruit d'aucun accord formel, d'aucun dialogue institutionnel, mais le produit d'un rapport de forces dont les habitants doivent s'accommoder, quitte pour eux à faire pression sur les belligérants. En l'absence de toute statistique précise, on estime qu'un million de personnes vivent dans chacune des deux parties d'Alep, dont la population est ainsi évaluée à quelque deux millions d'âmes.

On pourrait imaginer que les médiateurs de l'ONU ou les diplomates professionnels se soucient de maintenir ce passage ouvert entre les deux Alep. Il n'en est rien, les Syriennes et les Syriens doivent une fois de plus batailler seuls pour survivre malgré tout. Pendant ce temps, de bons esprits feignent de croire qu'une conférence internationale à Genève pourrait ramener la paix en Syrie.

Au passage du Garage, on évolue bien loin de ces

chimères intellectuelles. À la différence de Check Point Charlie entre les deux Berlin, de 1961 à 1989, il n'y a pas de procédure de coordination entre les gardiens de chaque camp. Révolutionnaires et loyalistes se toisent, se défient, s'insultent, s'invitent à la désertion réciproque, s'assourdissent de chants militants. Mais jamais ils ne coopèrent pour faciliter le transit, ressenti comme une trahison potentielle par les uns comme les autres.

Qui franchit le passage en assume seul les risques, même mortels. Une sentinelle en mal d'émotion peut à tout moment décider de lâcher une rafale, histoire de voir ces femmes et ces hommes courir à perdre haleine pour échapper aux balles. Et un franc-tireur s'en donnerait à cœur joie sur ces cibles humaines, si tentantes.

L'approche du ramadan donne du courage à bien des anonymes. À 25 livres syriennes le kilo de tomates à l'est contre 200 à l'ouest, le jeu en vaudrait presque la chandelle pour une famille nombreuse. Et un commerçant intrépide peut espérer, au bout de quelques va-et-vient, faire la culbute dans les légumes du mois sacré.

La tension monte à la veille du ramadan, le 9 juillet 2013. Un journaliste qui filme des carrioles chargées à ras bord est tabassé par la milice de faction. La *Hay'a Char'iyya* intervient en défense de la « liberté de la presse », délogeant les gros bras du Garage. Mais la population stupéfaite voit les jihadistes du *Dawlé*, l'État islamique d'Irak et du Levant (EIIL), prendre le contrôle du Passage.

Un combattant de la brigade Tawhid interprète en ce sens cette dangereuse manœuvre de l'ASL : les jihadistes, souvent repliés en seconde ligne pour saper l'action révolutionnaire, sont ainsi soumis à la pression directe de l'armée gouvernementale ; en outre, l'EIIL est trop rigide pour autoriser le transit de marchandises vers Alep-Ouest. Les jihadistes vont donc assumer seuls l'impopularité d'une mesure rendue nécessaire par l'ampleur du détournement du secteur « libéré » vers les zones « loyalistes ».

Sur ce second point, le calcul de l'ASL s'avère correct. Les jihadistes ne tardent pas à fermer le passage du Garage. Lorsque le crépuscule tombe sur Bustan al-Qasr, ce sont des centaines de civils qui attendent angoissés de revenir dans leur domicile à l'Ouest. Leurs sacs de provisions sont bourrés à craquer, dans la perspective du ramadan. Des épiciers ont bourré leurs charrettes de primeurs. L'un d'eux espère même ramener un chargement de carrelage.

Soudain, un cri traverse la foule : « *Fatahû al-tarîq* (Ils ont ouvert la route) ! » Les civils se pressent vers cette brèche à laquelle ils ne croyaient plus. Une carriole trébuche dans un trou d'eau et son conducteur ramasse à la hâte les sacs effondrés. Chacun n'a qu'une hâte, passer au plus vite avant que la nuit tombe.

L'illusion est fugace. Un tir fuse, d'un camp ou d'un autre, avec riposte immédiate. Les détonations sont de plus en plus sourdes. Une première blessée est évacuée, son corps chétif tressaute à l'arrière d'une charrette, puis elle est jetée sur un pick-up qui fonce vers le dispensaire le plus proche. On hurle, on se lamente. Un deuxième blessé est emporté vers l'arrière, peu avant que tout le monde ne reflue dans la panique. Les rafales se répondent en crescendo.

La marée des refoulés se disperse peu à peu dans les ruelles de Bustan al-Qasr. Nombreux serrent convulsivement ces sacs de légumes pour lesquels ils ont risqué leur vie. De vives discussions éclatent entre les habitants du quartier, les uns touchés par le malheur de leurs compatriotes, les autres hostiles à tout accommodement avec le « camp adverse ».

« C'est bien triste pour tous ces civils », soupire un jeune militant, prêt à héberger des résidents de l'Ouest coincés en secteur « libéré ». « Personne n'a rien à faire de l'autre côté », tranche en sens contraire un adolescent volubile. « Tant pis pour eux », enfonce son compagnon, tout aussi échauffé.

À ce passage du Garage, ce sont bien deux Syries qui se font face, rejetées de part et d'autre d'une ligne tracée dans le sang. L'idée de resserrer le siège sur les zones « loyalistes » fait frémir tous ces révolutionnaires qui refusent de prendre la population civile en otage. D'autres plaident en revanche pour une approche aussi implacable, au risque de se comporter un jour comme la dictature qu'ils condamnent. Il est vrai que le camp « libéré » ne dispose d'aucune des armes de destruction massive dont le régime Assad a déjà usé contre sa propre population.

Le débat fait rage à Alep durant ce ramadan sur le traitement à réserver à ces « autres » qui sont non seulement des compatriotes, mais souvent des amis, des proches, des parents. Le 13 juillet 2013, la brigade Tawhid reprend à l'EIIL le contrôle du passage du Garage. L'intermède jihadiste n'aura duré que quatre jours. Espérons que cette sinistre leçon en aura été retenue, à l'est comme à l'ouest d'Alep.

L'AMC (Aleppo Media Center) diffuse, le 18 juillet, un appel aux consciences révolutionnaires, sous le titre « Le passage de la mort et la décadence de l'humanité ». Ce texte, sobre et émouvant, s'achève par ces lignes : « Les souffrances de la population s'aggravent de part et d'autre de la ligne de front à Alep, après une année où elles étaient concentrées dans les zones libérées. Ces souffrances partagées doivent rapprocher les gens de part et d'autre, au lieu de les diviser encore plus, comme s'acharne à le faire le régime pour se consolider dans cette crise. »

Le peuple veut.

La Syrie de demain

On ne s'ennuie jamais dans les rues d'Alep. La vie est là, entêtante, enivrante, cela crie, s'interpelle, s'embrasse. Et la courtoisie, encore et toujours, comme une seconde peau. On invite, on partage, on se lève pour asseoir l'étranger, on s'enquiert de sa famille, on s'inquiète des études de ses enfants, de la santé de ses parents. Il y a une douceur, une gentillesse qui en ferait oublier les ruines obscènes et les bâtiments effondrés. De loin en loin, une sourde détonation ou une volute de fumée rappellent la dure réalité du front.

Abou Lotf s'engouffre dans un sens unique, malgré les réprimandes d'un barrage insurgé. « C'est cela la liberté », clame-t-il, hilare. Sur le chemin de retour, par la même rue, il sera le premier à stigmatiser les chauffeurs à contresens : « Tu n'as pas vu que c'est interdit, imbécile ! Avec des gens comme toi, on aura du mal à la construire, notre Syrie libre. » Ne dit-on pas que seuls les idiots ne changent pas d'avis ?

Nous traversons une bonne partie de la ville « libérée » pour nous régaler d'un petit déjeuner de fête. Le « Paradis des douceurs », dans le quartier de Bustan al-Qasr, prépare en effet la plus savoureuse mamounia d'Alep. Ce délice de semoule, baignant dans le sucre fondu et la cannelle pilée, est une des fiertés locales. Le vénérable patron aménage un salon de fortune devant la télévision qui égrène les victimes des accrochages de la nuit.

La *Hay'a Char'iyya* a mené une campagne de prévention de la délinquance, appuyée sur des graffitis menaçants. « Toi le voleur, sache que tu es SURVEILLÉ » (*murâqab*). « La corruption et les pots-de-vin retardent notre victoire. » Un badaud maugrée que la *Char'iyya* ne vaut pas mieux que la *Jawiyya*, une assimilation sacrilège entre « l'entité légale » émanant de la brigade Tawhid, d'une part, et la plus meurtrière des polices politiques du régime Assad, les renseignements de l'armée de l'air, d'autre part.

Un vendeur astucieux a glissé son étal juste derrière un barrage de l'Armée syrienne libre (ASL), qui tient l'une des portes de la vieille ville. Il propose tee-shirts noirs, barrés du faucon de l'ASL, bracelets aux couleurs du drapeau révolutionnaire, bandeaux noirs arborant la profession de foi de l'islam. Les colifichets sont tous *made in (Free) Syria*. On trouve même des cagoules de tissu sombre, avec ouvertures tranchées à l'arrache sur les yeux et le nez. Un cadeau original pour Halloween.

Hamouda est fier de sa sandwicherie du quartier d'Ansari. C'est un « broasted », en arabe dans le texte, les Syriens ayant transformé en substantif ce qualificatif d'une forme de cuisson-pression du « chicken ». Le kebab baigne dans les poivrons et le poulet dans la sauce « mexicaine ». Hamouda assure que toute sa volaille provient des fermes d'Al-Bab, non loin de la frontière turque. Une viande révolutionnaire à cent pour cent.

Ce fast-food a fermé de juillet à octobre 2012, du fait de l'intensité des combats et des bombardements. Hamouda et son voisin laitier sont les premiers à avoir rouvert leurs échoppes. Aujourd'hui, le pâté de maisons vibre d'une agitation sympathique. Des gamins jouent au baby-foot sous une grille déglinguée. Un boutiquier tente d'excuser la poussière ambiante : « Il nous faudra un million d'années pour avoir un pays aussi bien tenu que la France. » L'affable prophétie me laisse de marbre.

La liberté va parfois se nicher dans d'improbables conquêtes. Il est ainsi très ardu d'obtenir à Alep un « café arabe » (notre « café turc »), au marc lesté à la flamme. En revanche, les machines à expresso sont devenues légion. Et pour cause : de telles machines, associées à une modernité irrésistible, étaient réservées aux protégés du régime. La police politique traquait tous ceux qui osaient enfreindre ce monopole de l'expresso. Cette Bastille-là est bel et bien tombée à Alep.

Un message tombe sur le talkie-walkie : Abou Fadi nous demande de passer d'urgence. Nous fonçons vers son atelier, au sud-ouest d'Alep. Et là, quelle n'est pas notre surprise de découvrir qu'Abou Fadi voulait juste nous inviter à boire un jus de fruits. Nous refusons de sortir de la voiture, Abou Fadi met son amitié dans la balance, le ton monte, on s'en invectiverait presque. Mais l'arrivée d'un gamin, portant radieux les sirops de mûre, calme les esprits. On s'embrasse, on avale l'offrande et on file.

Le quartier industrieux de Sukkari a été, lui aussi, sauvagement bombardé durant les batailles de 2012. Son hôpital était alors militarisé, à l'image de toute la zone, et ce n'est que tardivement qu'il est revenu dans le giron civil de l'ACMC. Cette remontée de la résistance citoyenne se traduit d'ailleurs par les pochoirs des murs d'enceinte. L'un, assez populaire, enjoint « Jusque-là, et pas plus loin ». Sa main ouverte, digne de notre « Touche pas à mon pote », est supposée enrayer la logique milicienne et tous ses « dépassements ».

C'est la première fois en revanche que je vois les deux autres graffitis. « La Syrie appartient à tous, et pas seulement aux révolutionnaires », claque comme un défi. Juste à côté, une kalachnikov est brisée sur fond d'appel à la démilitarisation : « Après la révolution, nous les casserons. » Partout, le mot « Liberté » est peint en jaune, en vert, en rouge, en noir.

À l'entrée du dispensaire, un père de famille porte sa kalachnikov en bandoulière et son fils dans les bras. Il le confie à sa femme voilée, pour aller se promener avec ses deux autres enfants. Chacun se balade au bout d'une de ses mains, tandis que le fusil d'assaut n'a pas quitté son dos. Ce n'est pas demain que cette arme-là sera brisée.

Des mômes portent sur leur tête un plateau de « brioches », ainsi que l'on appelle le pain sucré d'Alep. Ammar achète une dizaine de ces pâtisseries à un des gamins, en lui demandant d'offrir chacune de ces brioches à un nécessiteux. L'enfant ravi porte le billet à sa bouche et l'embrasse, non sans rendre grâce à Dieu et à son généreux client.

Appelons-la Halima pour ne pas la mettre plus en danger qu'elle ne l'est déjà. Je l'avais déjà rencontrée par écran interposé. Elle portait alors une adorable couronne de fleurs dans sa chevelure de jais. Et elle scandait avec ses camarades la réouverture de l'horizon de leur vie, après des décennies où les Assad, père et fils, ont martelé être au pouvoir «pour l'éternité» :

«C'est fini le "pour toujours"
Plus jamais de "pour l'éternité"
Que tombe Bachar al-Assad
Et que vive la Syrie en liberté.»

Je retrouve Halima au dernier étage de ce dispensaire où elle loge et travaille. Elle explique son voile par la sensibilité très conservatrice de la population de Sukkari. «Sur le front, avec les militaires, j'étais dévoilée. Ici, le directeur de l'hôpital m'a laissé le libre choix. Il m'a assuré qu'il me soutiendrait, que je sois voilée ou non, et j'ai toute confiance en lui. C'est ma décision à moi seule, par souci de respecter les gens très pauvres et très pieux qui fréquentent ce dispensaire.»

Je crois volontiers à la détermination de Halima. Son foulard lui couvre les cheveux et le cou. Il met en valeur son regard d'un bleu intense. Toute trace de maquillage est bannie. En harmonie de bleu, chemisier, jean et ballerines, Halima semble épuisée par de trop nombreuses nuits d'insomnie. Menue et droite, elle n'a pas vingt-cinq ans. On me la disait mélancolique, voire déprimée. Je la découvre réfléchie et volontaire.

«On répète que nous recherchons la mort. Mais si nous voulions la mort, nous serions restés sous le régime Assad, car il nous tuait chaque jour. Non, c'est la vie, et rien que la vie que nous voulons.» Ce salon accueille d'autres militants aussi jeunes que Halima. L'un d'eux vient de Deraa, berceau du soulèvement révolutionnaire, en mars 2011. Il a rejoint Alep en transitant par des caches de l'insurrection, traversant le pays du sud au nord.

C'est comme si une Syrie nouvelle, pour l'heure encore masquée par les émanations du régime, et toujours étouffée par sa répression déchaînée, émergeait peu à peu dans le sang et la douleur. Deux tableaux malhabiles ornent le salon, l'un pour célébrer « deux ans de liberté » et l'autre décoré de la proverbiale colombe. Un Coran sert de point d'appui au drapeau révolutionnaire.

Halima n'esquive pas la question confessionnelle. « Dans mon village de la province de Hama, toutes les communautés cohabitaient. Les Alaouites étaient nombreux, et au moins la moitié d'entre eux étaient opposés au régime. Mais, à la différence de nous, ils se taisaient et ils gardaient profil bas ». C'est à l'université d'Alep que Halima s'engage plus sérieusement dans l'activisme contestataire.

« Nous avons constitué dès 2011 un comité clandestin avec des étudiants originaires de Raqqa ou de Deir Ezzor. Cela continue de nous aider aujourd'hui à maintenir le contact avec les conseils révolutionnaires des autres provinces. » Halima étudiait l'économie et le commerce. Son rêve reste, un jour, de travailler dans le marketing.

Halima était l'une des dix déléguées à l'assemblée de désignation du conseil municipal d'Alep, en mars 2013. Elle aurait pu se présenter au vote pour ce conseil, mais elle s'est abstenue pour ne pas exposer sa famille, qui vit toujours en zone gouvernementale. Les autres déléguées ont toutes eu de bonnes raisons personnelles pour ne pas se présenter aux suffrages de leurs pairs.

Le résultat en est un conseil municipal exclusivement masculin à Alep. Halima le regrette, bien sûr, mais elle n'accepte pas d'y voir la traduction d'un machisme sournois de la révolution. « Si nous voulons des femmes aux postes de responsabilité, c'est à nous de nous mettre en avant, sans attendre que les hommes viennent nous chercher. »

La télévision est branchée sur la chaîne libanaise Al-Manar, affiliée au Hezbollah honni. Un attentat vient en effet de se produire dans la banlieue sud de Beyrouth. Il n'y aura finalement « que » cinquante blessés. À Alep, on espérait secrètement que la direction du Hezbollah, tellement engagé au nord de la Syrie, serait frappée par l'attentat.

Halima regarde les images de Beyrouth, mais s'abstient de tout commentaire. Son combat est ailleurs, son exigence est limpide. « C'est fini, on s'est tu durant quarante ans, on ne nous fera plus jamais taire. » Elle partage avec toute une génération de révolutionnaires de son âge la conviction que la chute de la dictature n'est qu'une question de temps, mais que le régime est condamné. Je l'interroge dès lors sur l'hypothèque jihadiste.

« La popularité du front Nusra est en chute libre et la scission avec le *Dawlé* a encore aggravé ce rejet populaire. C'était avant tout une question de mode, de mimétisme. La réputation des jihadistes s'appuyait sur leur supposée combativité. Aujourd'hui, on en est revenu. Et les jeunes ont perdu l'envie de frimer en adoptant leur look. » Je pense au contre-exemple d'Omar, récemment égaré chez les suppôts d'Al-Qaida. Mais je tente plutôt un parallèle entre la terreur des Assad et celle des jihadistes.

Halima rejette catégoriquement mon assimilation. « Je refuse de mettre sur le même plan les crimes de guerre du régime et les exactions perpétrées par les jihadistes. Nous faisons face à une machine de destruction qui veut nous écraser, nous liquider, si jamais nous ne lui résistons pas. Les jihadistes ne sont qu'une menace secondaire, que nous devons contenir aujourd'hui, et que nous traiterons le moment venu. D'ailleurs les jihadistes vont eux-mêmes s'affaiblir du fait de leur excès d'agressivité et d'intolérance. »

Je juge cette analyse plutôt optimiste. Aussi Halima me corrige-t-elle une ultime fois. « Il faut enfin comprendre que nous, les Syriens, portons seuls la responsabilité de ce que va devenir notre pays. Nous ne pouvons plus blâmer les autres, ni nous défausser. Le renversement de Bachar al-Assad ne sera qu'une étape. Nous pourrons ensuite prendre la voie de la destruction (*damâr*) ou celle de la construction (*binâ'*). Dans un cas comme dans l'autre, l'avenir nous appartient. »

Pas une seule fois Halima n'a essayé de me culpabiliser, de me rendre complice d'une vaste conspiration internationale dont son peuple paierait le prix fort. Pas une seule fois elle n'a exigé de moi une aide urgente, un soutien militant ou un relais médiatique. Elle n'avait pas la moindre idée que ce dernier chapitre d'Alep lui serait consacré. Elle m'a parlé en Syrienne libre, convaincue de son bon droit et consciente de ses responsabilités.

« Le renversement de Bachar al-Assad ne sera qu'une étape » et « l'avenir nous appartient ». Comme j'aimerais que ce message de Halima parvienne à tous ceux qui croient connaître la Syrie et statuent en son nom. Ce sont en tout cas les deux phrases les plus précieuses que j'emporterai d'Alep. Avec la promesse de cette Syrie de demain, la Syrie de Halima, d'Abou Lotf et de tous ces jeunes en lutte pour leur liberté.

Épilogue

Une balle perdue tombée très près, trop près, convainc Ammar et moi de ne pas abuser de notre chance. Car nous sommes bien conscients du privilège qu'a constitué ce séjour au cœur d'une population en révolution. Alors nous diffusons la fausse piste d'une visite chez un notable de la banlieue d'Alep. Et nous filons dans la direction opposée, sans une pause jusqu'à la frontière turque.

Non, nous ne ferons pas de clichés souvenirs devant l'école d'infanterie, tombée en décembre 2012, après des semaines de siège acharné. Non, nous ne nous arrêterons pas à Azaz, cette ville qui s'enorgueillit d'être « le cimetière des blindés », avec trois carcasses calcinées de chars russes gisant encore devant la mosquée principale. Non, car nous voulons quitter au plus tôt cette zone interlope où Didier François et Édouard Elias ont été enlevés.

Le ramadan nous sert. Le *sohour*, la collation prise avant l'aube, ne suffit pas à maintenir les miliciens aux aguets sous un soleil de plomb. Pas un barrage ne fait mine de nous stopper, c'est la tolérance des jours fastes. Nous croisons des véhicules chargés à ras bord, matelas et couffins sur le toit. Ce sont des familles de réfugiés qui continuent de rejoindre, jour après jour, les camps de Turquie.

Le garde de l'Armée syrienne libre (ASL) qui prend nos passeports, juste avant le no man's land, nous interroge sur les raisons de notre séjour à Alep. « Presse » est la réponse la plus simple, pour éviter un interrogatoire à rallonges. Le militaire maugrée : « Journalistes, journalistes, comme si on avait besoin de journalistes, alors que notre peuple meurt. »

Dès que nos passeports nous sont restitués, notre chauffeur s'écrie : « S'il veut tellement défendre son peuple menacé de mort, qu'il aille sur le front au lieu de se prélasser à la frontière. » C'est sur ce dernier éclat d'esprit critique, inimaginable avant la révolution, que nous passons en territoire turc. Un graffiti à l'esthétique manga dépeint une frêle jeune fille égarée au milieu de couteaux ensanglantés.

Nous rentrons à Paris alors que les affrontements entre la guérilla syrienne et les jihadistes « irakiens » prennent de l'ampleur. Les accrochages de Dana, à l'ouest d'Alep, ont en effet été suivis de l'assassinat d'un commandant de l'ASL à un barrage jihadiste, sur les hauteurs de Lattaquié. On pourrait imaginer que la presse internationale, si prompte à accuser l'insurrection syrienne de collusion avec les jihadistes, se saisirait de ces incidents pour clarifier le débat. Il n'en est pourtant rien, bien au contraire.

Les résistants syriens étaient jusqu'à présent dénoncés comme des chevaux de Troie d'Al-Qaida. C'est maintenant la division du camp anti-Assad qui est mise en avant pour magnifier la « reprise en main » de la situation par le despote de Damas. Les révolutionnaires syriens finissent par se convaincre que tout se retourne immanquablement contre eux. Comme s'ils étaient stigmatisés non pour ce qu'ils font, mais pour ce qu'ils sont.

Le Haut-Commissaire de l'ONU aux Réfugiés, António Guterres, lance un vibrant appel, le 16 juillet 2013 : les Syriens fuient leur pays ravagé au rythme affolant de six mille par jour, un exode sans précédent depuis le génocide du Rwanda en 1994. Aux yeux de l'ancien Premier ministre portugais, l'invocation du Rwanda vise à susciter un choc salutaire pour secouer l'apathie de l'ONU. Peine perdue, l'exode et les bombardements se poursuivent.

Dix jours plus tard, la chute d'un missile sol-sol sur une zone résidentielle d'Alep fait au moins trente-deux morts. Parmi eux, dix-neuf enfants surpris avec leur famille, durant le repas de rupture du jeûne du ramadan. Il n'y avait aucune bataille en cours dans ce quartier populeux de Bab Nayrab. Le régime a voulu une fois de plus terroriser à l'aveugle, peut-être en représailles des revers essuyés face à l'ASL dans la banlieue sud-ouest d'Alep.

Les secours s'activent en pleine nuit pour sauver les rescapés des décombres. Un an plus tôt, des images aussi tragiques avaient fait une double page du *Monde*, qui comparait alors le martyre d'Alep à celui de Guernica. En juillet 2013, l'horreur s'est banalisée à Alep, en tout cas aux yeux des médias internationaux, qui n'accordent aucun intérêt au massacre de Bab Nayrab. L'Agence France Presse met plus de vingt-quatre heures à relayer l'information, encore ne le fait-elle que dans le cadre d'un bilan des pertes de la journée écoulée.

Dès lors, que l'on ne nous parle plus de ce « monde

transparent », de cette « conscience universelle », de « l'impossibilité pour un dictateur de massacrer aujourd'hui son peuple ». Qu'on ne nous en parle plus, car Bachar al-Assad massacre sans répit depuis vingt-huit mois, et son impunité reste totale. Les Syriens, abandonnés à leur sort, se verraient même dénier le droit de compter leurs morts, en l'absence de « sources indépendantes » pour confirmer l'hécatombe.

En revanche, les dépêches d'agence titrent, ce même 26 juillet 2013, que l'ONU a « obtenu un accord avec la Syrie pour enquêter sur l'utilisation d'armes chimiques ». En fait d'accord, il n'y a qu'un agrément « sur la façon de poursuivre »… les discussions en vue d'un accord. Le régime de Damas campe en effet sur son exigence que l'investigation internationale porte exclusivement sur les accusations gouvernementales, relayées par Moscou, concernant l'utilisation des armes chimiques par l'ASL.

L'ONU n'a même pas obtenu de Bachar al-Assad la garantie de pouvoir enquêter sur place. Mais le vrai-faux accord sur les armes chimiques occupe l'attention internationale, en lieu et place du massacre de civils dans le bombardement de Bab Nayrab. C'est une triste illustration de la façon dont le ballet diplomatique, loin d'alléger les souffrances du peuple syrien, prolonge cette agonie collective en en occultant l'horreur brute.

Depuis la première attaque gouvernementale au gaz sarin, le 24 décembre 2012 à Homs, une dizaine d'attaques similaires ont été signalées. Rappelons que le président Obama avait qualifié de « ligne rouge » à ne franchir sous aucun prétexte le recours aux armes chimiques, tandis que la France menaçait en ce cas d'une riposte « fulgurante ».

Et alors, rien. Rien de rien. Il ne faut pourtant pas douter de la détermination de Bachar al-Assad, s'il y voit un jour le salut de son régime, de poser des charges chimiques sur ses missiles sol-sol.

Il n'y avait pourtant aucune fatalité à en arriver à un tel désastre. Il suffisait d'entendre les Syriennes et les Syriens clamer depuis le printemps 2011 leur volonté de se débarrasser d'un régime abject, dont le père, puis le fils leur avait imposé la terreur durant plus de quarante ans. Si Bachar al-Assad avait eu la moindre velléité d'ouverture, il aurait pu faire d'Alep la vitrine privilégiée de ses réformes.

Au lieu de cela, le despote syrien a livré Alep, déjà quadrillée par les différents services de « sécurité », à l'arbitraire des milices loyalistes. En mai 2012, il a lâché ses tueurs sur le campus de l'université d'Alep, juste avant de faire « élire » le chef d'une de ses bandes criminelles à son Parlement fantoche. Alors, oui, la population d'Alep a compris qu'elle n'avait d'autre choix que les armes.

Ce soulèvement armé de l'été 2012 a bel et bien été imposé par la dictature aux habitants d'Alep. Entre une souffrance infinie et l'espoir de la libération, ils ont franchi le pas, sans qu'aucun retour en arrière ne soit possible. Et chaque jour, la « Syrie des Assad » leur fait payer dans le sang de leurs proches l'audace de lui avoir résisté.

Cette révolution d'Alep comporte comme toutes les révolutions ses parts d'ombre, que cette chronique s'est attachée à ne jamais oublier. Mais cette révolution ne s'arrêtera qu'avec le renversement de la dictature et le jugement des responsables de tant de crimes de guerre. On peut rêver à New York ou à Genève qu'il en sera autrement, le doute n'est pas permis à Alep.

Les jeunes Syriennes et les jeunes Syriens que nous avons croisés au fil de ces pages veulent plus que tout vivre, et vivre libres. Ils ne nourrissent aucune fascination morbide pour la mort, aucune aspiration obsessionnelle pour le sacrifice. J'espère juste vous les avoir rendus plus présents. Plus vivants. Car l'avenir leur appartient.

Alep-Gaziantep, juillet 2013

Postface

Cela fait plus de trois mois que Didier François et Édouard Elias ont disparu en Syrie. Un comité de solidarité s'est constitué, autour de Florence Aubenas, Serge July et Karen Lajon. Ce comité souligne le caractère incroyablement meurtrier de la crise syrienne pour les journalistes locaux et internationaux : au moins vingt-quatre reporters étrangers ont été tués en Syrie depuis mars 2011, au moins cinquante-huit journalistes syriens ont péri durant la même période. Au moins cinquante « acteurs de l'information » ont disparu en Syrie au cours des trente mois de révolution, dont une dizaine de journalistes étrangers.

« Nous avons tous le droit de savoir ce qui se passe en Syrie : la mission de la presse relève à la fois des droits de l'homme et de l'intérêt général. Il est du devoir de tous de la défendre. » Ces principes, énoncés par le comité, j'y souscris de toute mon âme lorsque je les lis à Alep, peu de temps après un nouveau bombardement des forces gouvernementales. Depuis mon retour de Syrie, je m'efforce de témoigner de ma solidarité avec Didier François et

Édouard Elias à chaque occasion offerte par une lourde actualité.

« Nous avons tous le droit de savoir ce qui se passe en Syrie. » Cet énoncé apparemment incontestable prend une dimension terrible aux premières heures du 21 août 2013. Les unités fidèles à Bachar al-Assad se livrent en effet à un bombardement massif, mêlant projectiles conventionnels et chimiques. Il fait chaud cette nuit d'été à Damas, nous sommes entre 2 et 6 heures du matin et les foyers dorment la fenêtre ouverte. C'est une véritable hécatombe dans la population civile.

Médecins sans frontières (MSF) annonce l'accueil dans ses hôpitaux de trois mille six cents victimes de gaz neurotoxiques et le décès de trois cent cinquante-cinq d'entre eux. Le Bureau central médical de la Ghouta orientale (la banlieue est de Damas), cible des frappes les plus violentes, diffuse le chiffre de mille trois cent deux morts, dont deux tiers de femmes et d'enfants. Ces victimes ne sont pas exclusivement le fait des armes chimiques, insistent les médecins qui travaillent dans des conditions désespérées.

Des centaines de personnes sont aussi tombées dans la Ghouta occidentale, dans les banlieues de Daraya et de Moadamiya. Le bilan ne cesse de s'alourdir, du fait du décès du personnel soignant qui était dépourvu de toute protection, lors des interventions d'urgence auprès de civils paniqués. Les États-Unis publieront plus tard un macabre bilan d'au moins mille quatre cent vingt-neuf morts, dont quatre cent vingt-six enfants. Tout porte à croire que ce bilan est sous-évalué au vu des conditions de risque extrême dans lesquelles se sont déroulées les opérations de secours des victimes, puis d'enterrement des dépouilles.

Car les pilonnages gouvernementaux ne cessent pas après l'épouvante chimique. L'acharnement mis à matraquer les théâtres du carnage pourrait traduire une volonté manifeste d'en effacer les traces les plus accablantes. L'autre motivation, a priori compatible avec la précédente, est que la guérilla a réalisé des percées importantes tout autour de la capitale, depuis la mi-août, et que l'utilisation des gaz visait justement à soulager les défenses loyalistes. Cette arme, supposée n'être que de dernier recours, n'aurait été employée qu'à titre tactique dans le cadre d'une séquence complexe d'affrontements sans merci.

Les responsables révolutionnaires affirment, pour leur part, que le massacre chimique est la réponse de Bachar al-Assad à l'attaque au mortier qui a failli lui coûter la vie, le 8 août 2013. Ils déclarent que les missiles tirés le 21 août ont été positionnés dix jours plus tôt, dans la perspective de représailles massives à la tentative de tyrannicide. Lorsque le père de Bachar, Hafez al-Assad, avait échappé à un attentat à la grenade, en juin 1980, il avait fait massacrer, en guise de rétorsion, quelque cinq cents détenus politiques dans la prison de Palmyre.

Pour entrer dans ce type de raisonnement, il faut avoir une certaine expérience du système Assad. Nous avons vu, au fil de ce Journal d'Alep, la conviction des habitants que le régime n'hésiterait pas à employer massivement l'arme chimique, après l'avoir testée mois après mois sur une petite échelle. L'ensemble de ces frappes ponctuelles n'a sans doute pas causé plus de cent cinquante morts. Mais c'est l'impunité absolue de ces franchissements répétés de la « ligne rouge », définie en août 2012 par l'administration

Obama, qui n'a pu qu'encourager le despote à cette escalade dans l'horreur.

Les commentateurs qui découvrent la Syrie avec ce carnage se font pourtant la réflexion supposée de bon sens : comment le régime aurait-il donné de tels arguments à son encontre en épandant l'arme chimique, trois jours après l'arrivée à Damas des inspecteurs de l'ONU chargés d'enquêter sur de précédentes accusations ? C'est là encore bien mal connaître une dictature qui a toujours su manipuler les pesanteurs de l'ONU à son profit, assurée qu'elle est, au Conseil de sécurité, de jouir du soutien inconditionnel de la Russie.

La réunion à huis clos du Conseil de sécurité, convoqué en session extraordinaire dans la soirée du 21 août, ne parvient en effet même pas à arracher une autorisation d'enquête pour la mission présente à Damas. Ce n'est que le 25 août que Bachar al-Assad accorde enfin la fameuse autorisation pour une inspection de quelques heures par jour à compter du lendemain. Autant dire que les probabilités de rassembler des preuves convaincantes cinq jours pleins après le carnage sont déjà limitées.

Les conditions de travail de la mission, sous lourde « protection » de l'armée syrienne, sont également troublantes. J'avoue avoir alors parié avec un journaliste américain qu'un attentat, opportunément attribué par le régime à des « jihadistes », ne tarderait pas à compromettre l'enquête de l'ONU. De fait, dès le 26 août, des tirs d'origine « indéterminée » contraignent les inspecteurs à rebrousser chemin. C'est peu de dire que le reste de la mission se déroule sous très haute tension. Les experts de l'ONU quittent la Syrie, le 31 août, pour un rapport attendu dans la seconde moitié de septembre.

Ces délais bureaucratiques suscitent stupeur et incompréhension dans la population syrienne, qui se sent totalement abandonnée par le monde extérieur. De véritables appels de détresse me parviennent d'Alep, où des milliers de personnes fuient vers la frontière turque. Le 26 août, des bombes incendiaires ravagent des secteurs entiers du nord du pays. La BBC diffuse des images insoutenables d'enfants brûlés vifs. Une photographie comparable avait en 1972 galvanisé l'opposition à la guerre du Vietnam. Les temps ont changé : le jour même de la programmation du reportage de la BBC, la Chambre des communes vote contre la participation britannique à une intervention en Syrie.

Des journalistes continuent de s'exposer avec courage pour défendre « le droit de savoir ce qui se passe en Syrie ». Mais leur voix crédible et professionnelle est engloutie sous des cascades de « fuites », que des confrères moins intrépides recueillent auprès d'officines occidentales, entre la poire et le fromage. Un grand quotidien français proclame ainsi, deux jours après le massacre chimique, que celui-ci a été provoqué par l'entrée en action de commandos syriens, formés en Jordanie par la CIA… et le Mossad. L'auteure de l'article, qui n'a jamais mis les pieds en Syrie, feint de s'étonner de « l'emballement médiatique » suscité par de telles élucubrations.

Les théories du complot fleurissent sur la Toile, qui favorise le nivellement par le bas de « sources » de nature très hétérogène. Un article diffusé depuis le Minnesota fait ainsi fureur, bien au-delà des sites conspirationnistes. Un étudiant jordanien en journalisme y affirme que des jihadistes, soutenus par l'Arabie saoudite, ont répandu accidentellement des gaz toxiques, provoquant l'hécatombe du 21 août. Les multiples incohérences de cette « enquête » ne semblent pas entamer sa popularité auprès d'esprits soi-disant critiques, trop contents de nourrir leur procès à charge contre la presse établie.

La dictature syrienne surfe sur cette vague de doute généralisé. Bachar al-Assad nie de manière répétée toute responsabilité dans le carnage. Sa conseillère politique va plus loin en accusant les révolutionnaires d'avoir kidnappé des centaines d'enfants alaouites, dans les villages de la côte méditerranéenne, pour ensuite les gazer dans une sinistre « mise en scène ». Elle en veut pour « preuve » le fait que « ces enfants ont les cheveux clairs » et qu'ils « ne sont pas accompagnés par leur famille en deuil » !!!

Mentons, mentons, il en restera toujours quelque chose. Et plus le mensonge est gros, plus il a de chances d'impressionner les tenants du « on nous cache tout, on ne nous dit rien ». Le père Paolo dell'Oglio, disparu lors d'une mission de paix, cet été, dans la vallée de l'Euphrate, n'hésitait pas à pourfendre les « négationnistes » modernes. J'hésitais à suivre ce jésuite italien, admirable connaisseur de la Syrie, dans une telle diabolisation. Mais les infamies diffusées depuis quelques semaines apportent du crédit à sa catégorisation.

L'incertitude sur le bilan exact du carnage du 21 août 2013 ne sera jamais levée, de même que le nombre des victimes du massacre perpétré en septembre 1982 dans les camps de réfugiés de Sabra et de Chatila oscillera pour toujours entre huit cents et trois mille. Jamais pourtant on n'a osé prétendre que des enfants chrétiens avaient été enlevés par des fedayines palestiniens pour y être égorgés en lieu et place de victimes supposées être palestiniennes. Les « cheveux clairs » et les cheveux sombres se mêlent dans l'éternité des fosses communes.

Au soir de la révélation de la tuerie de Sabra et de Chatila, François Mitterrand condamne solennellement « le massacre des innocents palestiniens qui bouleverse la conscience universelle ». Il annonce dans la foulée l'envoi d'un contingent français à Beyrouth, en coordination avec les États-Unis et l'Italie, sans attendre l'aval de l'ONU. Trois décennies plus tard, c'est une attitude aussi courageuse et respectable qu'adopte François Hollande. Il y a urgence à protéger les rescapés du carnage, il faut donner un coup d'arrêt à la machine de terreur, alors même que l'ONU est paralysée.

François Mitterrand en 1982 comme François Hollande en 2013 sont animés par une certaine idée de la France. L'engagement militaire n'est pas une fin en soi, toutes les enquêtes d'opinion plaident contre une intervention, la menace terroriste est loin d'être négligeable et aucun gain politique n'est à espérer d'une telle posture. C'est bien là la marque des hommes d'État que de dépasser ces considérations ô combien légitimes et d'assumer leurs responsabilités dans une situation saturée de tragédie.

La France de 2013 n'est cependant plus la France de 1982. On aura vu un éminent présidentiable, qui avait lors de la campagne de 2012 refusé de signer une lettre ouverte des candidats à Bachar al-Assad, retrouver l'usage de la plume pour cette fois fustiger la « déclaration diplomatiquement hypocrite » du chef de l'État. On aura entendu des tenants d'une radicalité de droite comme de gauche puiser dans le même registre pour stigmatiser « l'agression » contre la Syrie et « l'alignement » sur les États-Unis.

On aura lu un journaliste auparavant mieux inspiré titrer sur « l'escalade aveugle vers la guerre ». *Vers* la guerre ? Comment qualifier alors trente mois de conflit, plus de cent dix mille morts, des centaines de milliers de blessés, de mutilés et de disparus, des millions de réfugiés et de déplacés, un pays à feu et à sang, des infrastructures en ruine, une génération sacrifiée ? *Vers* la guerre ?

La guerre, c'est Bachar al-Assad qui l'a imposée à son peuple, c'est lui qui a refusé la moindre concession susceptible d'enrayer cette descente aux enfers, c'est lui qui en a franchi chacun des degrés, testant la passivité internationale avant de passer à l'étape suivante, des blindés à l'artillerie, des hélicoptères aux bombardiers, des missiles balistiques aux armes chimiques. Nul besoin de paraphraser les grands auteurs pour savoir que Bachar porte en lui la guerre comme la nuée porte l'orage.

Les Syriennes et les Syriens trouvent souvent dans un humour anthracite le ressort pour supporter de nouvelles avanies. Lorsque Barack Obama annonce, le 31 août, qu'il attendra le vote du Congrès, dix jours plus tard, on rit jaune à Alep de cette procrastination. « Quel génie cet Obama ! Il a parfaitement compris que Bachar allait tout détruire. Alors, il lui laisse dix jours de plus pour achever ce qu'il a si bien commencé. Cela évitera à Obama de se salir les mains, parce que Bachar ne lui aura plus rien laissé à bombarder. »

Le débat public sur la Syrie est nécessaire et salutaire, s'agissant d'une des grandes causes de notre temps. Encore faut-il parler de la Syrie en 2013, et non de l'Irak en 2003. Opposant résolu à la campagne d'Irak, je n'ai jamais cessé d'en dénoncer les mensonges d'État et la conduite calamiteuse. J'ai à maintes reprises souligné comment ce désastre infligé au peuple irakien avait généré un extraordinaire effet d'aubaine pour tous les despotes arabes, au premier rang desquels Bachar al-Assad. L'administration Bush, obsédée par l'illusion mortifère de sa « guerre globale contre la terreur », a en effet alimenté les deux thèmes majeurs de la propagande des dictateurs : « moi ou le chaos », d'une part, et l'assimilation à Al-Qaida de toute forme d'opposition, même civile, d'autre part.

Écoutons Bachar al-Assad et ses séides, ils continuent de marteler la même antienne. Vladimir Poutine et la Russie relaient fidèlement ce type de discours, l'assaisonnant d'allusions menaçantes au prix que l'Europe paiera à son supposé « soutien » à Al-Qaida. Fermons les yeux pour mieux entendre la musique de fond du débat français sur la Syrie, nous retrouverons cette mélodie entêtante, déclinée sur des registres divers : mieux vaut Assad que le saut dans l'inconnu, dont seuls les jihadistes peuvent profiter à court ou moyen terme.

C'est ainsi que la Syrie est devenue une querelle française, dans le pire plutôt que dans le meilleur sens du mot. Car la Syrie réelle, la Syrie des Syriennes et des Syriens, a été évacuée de cette querelle au profit des grandes interrogations existentielles de notre pays sur lui-même : notre place dans le monde, au sein de l'Europe et face à l'Amérique ; notre rapport à l'Islam, encore trop souvent perçu comme une réalité étrangère, alors qu'il est devenu constitutif de notre société ; notre conception de la laïcité, parasitée en l'espèce par l'incongrue promotion de Bachar al-Assad au rang de champion de la dite « laïcité », lui qui a enrôlé un clergé officiel pour prêcher ses louanges dans chaque mosquée.

Je ne mentionne que pour mémoire l'invraisemblable violence de cette « querelle française ». Jamais, même sur la question palestinienne ou les interrogations liées à Al-Qaida, je n'avais connu un tel niveau d'agressivité verbale. Les attaques *ad hominem* dont je suis la cible sur la Syrie s'accompagnent de plus en plus souvent d'insultes, d'obscénités, voire d'avertissements plus « physiques ». L'anonymat dont se couvrent les procureurs de l'Internet leur permet de distiller calomnies et injures dans une totale impunité. C'est un fait, que je me borne à constater, et avec lequel je me suis résigné à vivre.

Tout cela n'a d'ailleurs aucune importance face à l'immense imposture qui fait disparaître la Syrie des Syriennes et des Syriens de nos joutes franco-françaises sur la Syrie. Bachar al-Assad n'est pas seulement un tyran, il est un masque hideux, il voile de son système la vérité d'un peuple en lutte pour le renverser. Dans l'avalanche de textes publiés après le massacre du 21 août, je n'en ai pas lu un seul qui raconte l'histoire d'une femme, d'un homme ou d'un enfant mort ce jour-là. L'histoire toute simple d'un être, de ses espoirs, de ses peurs, de sa vie quotidienne, anéantis durant une nuit d'abominable terreur.

Cette chronique d'Alep s'est efforcée de contribuer à briser le mur du silence et de l'indifférence. Elle aspire, après d'autres et avec d'autres, à donner à voir ces femmes et ces hommes de la Syrie en révolution. Je vous ai soumis les outils et le contexte de mon entreprise, par définition imparfaite et inaboutie. J'espère simplement vous avoir fait sentir comment, là-bas, des civils et des combattants ne comprennent pas que nous ne comprenions pas. Quant aux déclarations martiales, qui se sont succédé durant trente mois sans jamais être suivies d'effet, elles ont sapé la confiance que ces Syriennes et ces Syriens portaient naïvement en notre parole.

La dictature d'Assad ne peut que se sentir confortée par nos errements. Mais, n'en doutons pas, ce sont les jihadistes de toutes obédiences qui en tireront le bénéfice principal. Ils tiennent là la preuve que nos discours sur les droits de l'homme, la démocratie et les libertés ne valent que pour nous-mêmes. Ils ont déjà commencé à liquider ceux qui en Syrie avaient eu la faiblesse d'y croire. Leur objectif est bel et bien d'établir un despotisme qui n'aura rien à envier à la barbarie du Baas.

La trahison du peuple syrien au profit de Bachar al-Assad pourrait donc bien s'aggraver d'une frilosité dont les jihadistes seront les grands gagnants. Trêve pourtant d'envolée lyrique : ce que nous ferons ou ne ferons pas face à la tragédie syrienne, nous l'accomplirons ou nous ne l'accomplirons pas en fonction de nos intérêts. Je veux pourtant croire qu'il n'est pas trop tard pour être solidaire d'un peuple laissé seul si longtemps face à ses bourreaux. Je vous écris de Paris, mais mon cœur bat à Alep.

9 septembre 2013

Alep dans l'histoire et la révolution

Avant notre ère

Sixième millénaire : Premiers signes de peuplement à Alep
Deuxième millénaire : Mention de Khallab/Khaliboun dans les documents hittites
Vers 1800-1600 : Royaume amorite de Yamkhad
Vers 1600-1500 : Domination hittite
Vers 1500-1200 : Compétition entre Hittites et Égyptiens pour la Syrie
Vers 1200 : Invasion des « peuples de la Mer »
Vers 900 : Cités-États « néo-hittites » dans le nord de la Syrie
856-612 : Domination assyrienne
605-539 : Contrôle de la Syrie par les Chaldéens
539-333 : Domination perse sur la Syrie
333 : Victoire d'Alexandre le Grand sur les Perses
311-138 : Royaumes séleucides à Alep/Béroé
64 : *Provincia Syria* de l'Empire romain

Depuis l'ère chrétienne

105 : *Provincia Arabia* autour de Bosra
117-138 : Hadrien empereur de Rome, avec frontière sur l'Euphrate
306-337 : Constantin empereur de Rome, avec liberté de culte pour les chrétiens
395 : Rupture entre les Empires romains d'Orient et d'Occident
459 : Mort de Siméon le Stylite
475 : Début de la construction du sanctuaire de Saint-Siméon
VIe siècle : Construction de la cathédrale d'Alep, dédiée à Sainte-Hélène (mère de l'empereur Constantin)
540 : Dévastation d'Alep par les Perses
637 : Conquête arabe d'Alep
715 : Fondation de la mosquée des Omeyyades par le calife Suleiman
945-967 : Seif al-Dawla, émir d'Alep
1092 : Minaret de la mosquée des Omeyyades par le sultan Tutush
1124-25 : Échec des offensives croisées contre Alep
1146-1174 : Règne de Noureddine Zengi
1183 : Prise de contrôle d'Alep par Saladin
1193-1215 : Rénovation d'Alep par Zaher Ghazi, fils de Saladin
1260 : Destruction d'Alep par les hordes mongoles
1292 : Fortification de la citadelle par les Mamelouks
1354 : Maristan Arghun, hôpital pionnier dans la vieille ville
1400 : Alep dévastée par les hordes de Tamerlan

1493 : Construction de Bab al-Maqam par le sultan Qait Bey
1516 : Les Ottomans à Alep pour quatre siècles
1548 : Ouverture du consulat de Venise à Alep
1562 : Installation du consulat concurrent de France à Alep
1574 : Établissement du Khan al-Goumrouk (caravansérail de la Douane)
1605 : Dissidence du commandant kurde Ali Janbulad
1757 : Beit Ajiqbash, palais chrétien du quartier de Jdeidé
1773 : Mosquée Kamiliyya dans la vieille ville
1832-1840 : Domination égyptienne d'Ibrahim Pacha
1878 : Lancement par Abderrahmane Kawakibi du premier hebdomadaire d'Alep en langue arabe
1899 : Place de l'Horloge à Bab al-Faraj
1906 : Liaison ferroviaire d'Alep à Damas
1915-1917 : Installation à Alep de milliers de rescapés du génocide arménien
1918 : Entrée des troupes britanniques et arabes à Alep
1920 : Mandat français sur la Syrie, avec « État autonome d'Alep »
1925 : Fusion administrative par les Français des « États » de Damas et d'Alep
1930 : Édification du gouvernorat d'Alep, en bordure de la citadelle
1938 : Cession par la France à la Turquie du sandjak d'Alexandrette
1943 : Indépendance formelle de la Syrie
1946 : Évacuation définitive des troupes françaises
1949 : Coup d'État militaire de Hosni Zaïm, kurde d'Alep, bientôt renversé par Adib Chichakli

1954 : Soulèvement d'Alep menant au rétablissement des institutions civiles
1958-1961 : République arabe unie (RAU) entre l'Égypte et la Syrie
1963 : Putsch installant le parti Baas au pouvoir
1970 : Prise du pouvoir par Hafez al-Assad
1980 : Deux mille morts dans le soulèvement d'Alep
2000 : Intronisation de Bachar al-Assad à la mort de son père

Depuis la Révolution

14 avril 2011 : Première manifestation de protestation, sur le campus de la faculté de lettres
19 août 2011 : Déploiement massif de miliciens loyalistes dans les quartiers populaires pour réprimer les défilés de ramadan
10 février 2012 : Deux attentats à la voiture piégée (28 morts)
3 mai 2012 : Raid loyaliste contre l'université d'Alep
18 mai 2012 : Manifestations sans précédent à Alep
18 juillet 2012 : Constitution de la brigade Tawhid de l'ASL
20 juillet 2012 : Fulgurante offensive de l'ASL à Alep
28 juillet 2012 : Contre-offensive massive des forces loyalistes
9 août 2012 : Repli de l'ASL hors de Salaheddine
29 septembre 2012 : Incendies dans les souks d'Alep
2 octobre 2012 : Triple attentat-suicide du front Nosra
24 octobre 2012 : Fondation de l'ACMC (Aleppo City Medical Council)

21 novembre 2012 : Raid aérien contre l'hôpital Shifa
13 octobre 2012 : Incendie dans la mosquée des Omeyyades d'Alep
7 décembre 2012 : Création d'un Commandement militaire suprême de l'ASL, avec Abdel Jabbar al-Okaidi responsable pour Alep
3 mars 2013 : Élection à Gaziantep des conseils pour la municipalité et la province d'Alep
13 avril 2013 : Attaque gouvernementale au gaz sarin contre le quartier majoritairement kurde de Cheikh Maqsoud
24 avril 2013 : Effondrement du minaret de la mosquée des Omeyyades
13 mai 2013 : « Sauvetage citoyen » des œuvres d'art de la mosquée
6 juin 2013 : Enlèvement de Didier François et d'Édouard Elias
8 juillet 2013 : Offensive révolutionnaire à Salaheddine
9-13 juillet 2013 : Fermeture par les jihadistes « irakiens » du passage entre Alep-Est et Alep-Ouest
26 juillet 2013 : Massacre de civils dans la chute d'un missile sol-sol sur Bab Nayrab

Sélection bibliographique

Gilbert ACHCAR, *Le peuple veut*, Arles, Actes Sud, 2013.

Jean-Pierre FILIU, *Le Nouveau Moyen-Orient, les peuples à l'heure de la révolution syrienne*, Paris, Fayard, 2013.

Jean-Pierre FILIU et Cyrille POMES, *Le Printemps des Arabes*, Paris, Futuropolis, 2013.

Moustafa KHALIFE, *La Coquille*, Paris, Babel, 2012.

Jonathan LITTELL, *Carnets de Homs*, Paris, Gallimard, 2012.

Thomas PIERRET, *Baas et Islam en Syrie*, Paris, PUF, 2011.

Bernard ROUGIER, *L'Oumma en fragments*, Paris, PUF, 2011.

Michel SEURAT, *L'État de barbarie*, Paris, PUF, 2012 (réédition).

Samar YAZBECK, *Feux croisés : journal de la révolution syrienne*, Paris, Buchet-Chastel, 2012.

Ressources électroniques

En français

Le site francophone du « groupe de soutien à la révolution syrienne »
http://souriahouria.com/
La page francophone du site de l'APSA (Association for the Protection of Syrian Archeology)
http://www.apsa2011.com/index.php/fr/
« Un œil sur la Syrie », un blog hébergé par *Le Monde*
http://syrie.blog.lemonde.fr/author/syrie/
Le blog de Thomas Pierret, hébergé par *Mediapart*
http://blogs.mediapart.fr/blog/thomas-pierret

En arabe

Le site de l'AMC (Aleppo Media Center)
http://www.amc-sy.com

Pages Facebook en arabe d'information continue sur Alep
https ://www.facebook.com/shahed.alep
https ://www.facebook.com/AkhbarHlbAlan
https ://www.facebook.com/apc.sy
https ://www.facebook.com/newhalap

Table

Composition Daniel Collet (InFolio).
Achevé d'imprimer
par CPI Firmi-Didot,
à Mesnil-sur-l'Estrée, octobre 2013.
Dépôt légal : octobre 2013.
Numéro d'imprimeur : 119862.

ISBN 978-2-207-11728-6/Imprimé en France.

261521